KLEINE REIHE
POLITISCHE BILDUNG

Christian Fischer

Inklusion im Politikunterricht

Ein fallbezogener Denkanstoß

Herausgegeben von Gotthard Breit, Ursula Buch (†), Bernward Debus und Peter Massing

WOCHEN
SCHAU
VERLAG

Bibliografische Information der Deutschen Nationalbibliothek
Die Deutsche Nationalbibliothek verzeichnet diese Publikation in der Deutschen Nationalbibliografie; detaillierte bibliografische Daten sind im Internet über http://dnb.d-nb.de abrufbar.

Die Kleine Reihe politische Bildung wird herausgegeben von Gotthard Breit, Ursula Buch (†), Bernward Debus und Peter Massing.

www.wochenschau-verlag.de

Titelgestaltung: Wochenschau Verlag / Ohl Design
Titelbild: © vectorpocket – stock.adobe.com
Gesamtherstellung: Wochenschau Verlag
ISBN 978-3-7344-0947-9 (Buch)
E-Book 978-3-7344-0948-6 (PDF)

INHALTSVERZEICHNIS

1. EINLEITUNG: INKLUSION, INKLUSIVE POLITISCHE BILDUNG UND DIE IDEE DES BUCHES

Wenn das Thema „Inklusion" im schulisch-pädagogischen Kontext zur Sprache kommt, dann treten in der Regel ganz unterschiedliche Reaktionen auf. Die Bandbreite reicht von bejahenden Appellen bis zur resolut vorgetragenen Ablehnung. Leider bleiben zu oft die Positionen unvermittelt nebeneinander stehen. Wie kann vor diesem Hintergrund ein produktives Nachdenken über Inklusion unterstützt werden? Aus meiner Sicht eignen sich hierfür besonders Fälle aus der Unterrichtspraxis. Anhand dieser Fälle kann konkret überlegt werden, wo es Momente und Praktiken gelingender und nicht-gelingender Inklusion gibt, wo Chancen und Herausforderungen liegen und welche alternativen Gestaltungsmöglichkeiten für den konkreten Unterricht bestehen. In diesem kurzen Buch stelle ich einen solchen Fall aus dem Politikunterricht vor. Um einen Rahmen zur Einordnung zu geben, kläre ich zunächst einführend den Begriff der Inklusion und gehe dann auf das Konzept einer inklusiven politischen Bildung ein. Anschließend erläutere ich die Idee des vorliegenden Buches näher.

a) Der Begriff Inklusion

Soziologisch betrachtet bedeutet Inklusion sozialer Einschluss, Einbindung und Teilhabe für alle innerhalb eines Sozialverbandes (vgl. Burzan 2014, 198). Es ist das Gegenteil von Exklusion, also von sozialem Ausschluss. Als inklusive Bildung versteht man eine Bildung, an der alle Menschen gemeinsam teilhaben können, unabhängig von ihren individuellen Lernvoraussetzungen. Es ist die Idee, dass eine für alle gemeinsame Schule sich aller Kinder und Jugendlichen annimmt, unabhängig davon, wie sie sind und was sie mitbringen (vgl. Wocken 2016, 25). Ihnen soll es ermöglicht werden, sich jeweils auf ihre ganz individuelle Art und Weise in die gemeinsame Erschließung der Welt einzubringen. Die Einstufung von Entwicklungsausprägungen als Behinderung oder Beeinträchtigung, die es vermeintlich erfordert, Menschen zu verbesondern und in Sonderräumen zu unterrichten, wird im Inklusionskonzept abgelehnt (vgl. Hinz 2002, 355-359). „Behinderung" im Sinne von „behindert sein in seiner Teilhabe" wird vielmehr als Passungsproblem verstanden, welches es durch eine veränderte Rahmung zu überwinden gilt (vgl. Cloerkes 2007, 6 u. 9-11; Naugk u. a. 2016, 24).

Der Begriff der Inklusion unterscheidet sich dabei von dem der Integration. Integration operiert mit der Vorstellung von normal und behindert; die Gruppe der behinderten Lernenden soll in die der nicht-behinderten Lernenden eingegliedert werden. Die Differenzierung nach dieser „Zwei-Gruppen-Theorie" beeinflusst unmittelbar das Bildungskonzept wie auch die Bildungspraxis der Integration (vgl. Hinz 2002, 359). Inklusion fasst hingegen den Entwicklungsstand von Fähigkeiten und das Vorhandensein von Einschränkungen lediglich als eine mögliche Form von Verschiedenheit neben anderen wie Geschlecht, Kultur oder sozialer Herkunft auf. Unterschiede in diesen Dimensionen werden nicht geleugnet, sondern als normal und bereichernd konzeptualisiert (vgl. Hinz 2002, 357). „Die Wertschätzung von Vielfalt ist das fundamentale Credo der Inklusion und der inklusiven Pädagogik schlechthin", so Hans Wocken (2016, 32). Inklusionsdidaktisch ist damit von „einer einzigen, untrennbar heterogenen" Lerngruppe auszugehen (Hinz 2002, 357). Inklusive Bildung lässt sich insofern mit Naugk u. a. (2016) folgendermaßen definieren:

> *„Inklusive Bildung meint vor allen Dingen im schulischen Kontext verortete Bildungsprozesse, die der Vorstellung der prinzipiellen Teilhabe aller Kinder [und Jugendlicher; Anm. C.F.] am gemeinsamen Schulwesen und der Individualität allen Lernens verpflichtet sind. Inklusive Bildung strebt die Überwindung stigmatisierender Kategorienbildung an und wertschätzt Verschiedenheit als konstitutives Merkmal von Gesellschaft." (Naugk u. a. 2016, 22)*

Die rechtliche Grundlage für Inklusion bildet die UN-Behindertenrechtskonvention (UN 2006). Diese verfolgt das Ziel, dass Menschen mit Behinderung gleichberechtigt ihre Rechte wahrnehmen und ein freies, selbstbestimmtes Leben führen können. Im Kontext von Bildung ist vor allem der Artikel 24 wichtig, der es Menschen mit Behinderung garantiert, einen gleichberechtigten Zugang zu einem „inclusive education system" zu haben (UN 2006, Article 24). Relevant ist im vorliegenden Kontext damit die Tatsache, dass es einen Rechtsanspruch auf eine inklusive Beschulung gibt, über deren didaktische Umsetzung nachgedacht werden muss (vgl. Naugk u. a. 2016, 25).

b) Inklusive politische Bildung

Inklusion ist inzwischen auch zu einem Thema der politischen Bildung und ihrer Didaktik geworden. Auf normativer Ebene wird dabei hervorgehoben, dass Inklusion und politische Bildung einer gemeinsamen Leitidee verpflichtet sind, nämlich dem Anliegen, dass sich alle Menschen mit ihren unterschiedlichen Bedürfnissen und Voraussetzungen selbstbestimmt in die Gesellschaft einbringen, an ihr teilhaben und das Zusammenleben politisch und sozial mitgestalten können (vgl. Kronauer 2015, 22-23; Besand/Jugel 2015a, 45; spezifischer bei Jahr 2017). Die politische Bildung verwendet für die hierfür notwendigen Fähigkeiten, die sie zu fördern versucht, die Begriffe *politische Mündigkeit* und *Demokratiefähigkeit* (vgl. Reinhardt 2018, 16-21). Daher wird betont, dass sich die demokratische Gesellschaft als Zieldimension mit der Leitidee der Inklusion deckt (vgl. Besand/Jugel 2015a, 45 u. 53-56; Kronauer 2015, 22-23).

Innerhalb der politischen Bildung besteht Konsens darüber, dass sich der Begriff der Inklusion nicht allein auf die Überwindung von Exklusionsmechanismen für Menschen mit Lernschwierigkeiten beziehen kann. Die Förderung von Fähigkeiten, die auf politische Selbstbestimmung und Mitgestaltung abzielen sowie Ausschlussmechanismen überwinden helfen, gilt als Bildungsziel auch für andere Gruppen, die aufgrund von sozialen oder kulturellen Faktoren von Benachteiligung betroffen sind (vgl. Dönges u. a. 2015, 9; Besand/Jugel 2015a, 47-48). Allerdings gibt es unterschiedliche Schwerpunktsetzungen. So lassen sich Beiträge finden, die den Fokus auf die Inklusion von Menschen mit Lernschwierigkeiten legen (vgl. Dönges u.a. 2015; Ackermann 2015). Demgegenüber stehen Beiträge, die sich unter Verweis auf die prinzipielle Mehrdimensionalität von Heterogenität auf keine Fokussierung einlassen (wollen) (vgl. Besand/Jugel 2015a, 48; Besand/Jugel 2015b, 99-101; Jahr 2015, 137-138; Jugel/Hölzel 2017).

Zur politikdidaktischen Diskussion über Inklusion gehört auch die Frage, wie Menschen, die – aufgrund ihrer sozialen, kognitiven oder emotionalen Lernvoraussetzungen – bisher nicht oder nur unzureichend von den Arrangements politischer Bildung erreicht wurden, angemessener angesprochen werden können. Hier gibt es einen Ansatz, der sich für die Stärkung eher sozialpädagogisch ausgerichteter Settings ausspricht, wodurch das Selbstkonzept jedes/jeder Einzelnen unterstützt werden soll (vgl. Nonnenmacher/Widmaier 2012, 13-15; Erben 2012, 104-115; Schuster 2012, 118-128). Damit verbindet sich die Hoffnung, die Fähigkeit und Bereitschaft der/des Einzelnen, sich in das gemeinsame Zusammenleben einzubringen, zu stärken. Demgegenüber betont die Politikdidaktikerin Bettina Zurstrassen (2015a, 113), dass es im Rahmen inklusiver politischer Bildung auch auf fachliches Lernen ankommt. Wichtig sei es, die Fähigkeit zu fördern, seine Interessen politisch zu äußern, sowie Kenntnisse über Wege zu ihrer politischen Durchsetzung zu vermitteln. Zurstrassen sieht die Gefahr, dass sozialpädagogische Settings eher für eine „Sozialdisziplinierung“ sorgen als für die Befähigung zur politische Interessenwahrnehmung (vgl. Zustrassen 2015a, 112-113). Auffallend in der politikdidaktischen Debatte über Inklusion (wie auch in der allgemeinen Inklusionsdebatte) sind die überaus hohen normativen Ansprüche und Erwartungen, die mit Inklusion verbunden werden. Exemplarisch möchte ich hier aus einem Beitrag von Anja Besand und David Jugel zitieren:

„Wenn es [...] mit Hilfe einer inklusiveren politischen Bildung glückt, mehr marginalisierte und ausgeschlossene Menschen zur politischen Teilhabe und politischen Mitbestimmung zu befähigen, kann dies einen gesamtgesellschaftlichen Wandlungsprozess unterstützen, der dazu führt, dass die Interessen dieser Menschen hinsichtlich Zugang, Teilhabe und Selbstbestimmung auch in anderen gesellschaftlichen Teilbereichen verstärkt in die politische Gestaltung einfließen. Dieser Verantwortung muss sich die politische Bildung noch stärker als bisher bewusst werden und sie als Katalysator nutzen, um den gesamtgesellschaftlichen Prozess der Inklusion durch eine inklusive politische Bildung zu unterstützen und voranzutreiben." (Besand/Jugel 2015a, 56)

Unterrichtspraktische Erwägungen oder konkrete praxisorientierte Reflexionen finden sich in der politikdidaktischen Debatte über Inklusion hingegen noch zu selten (ein positives Beispiel ist Jahr 2015). Hier zeigt sich eine Problemtendenz, auf die Joachim Kahlert pointiert aufmerksam macht. Kahlert (2015, 182) warnt davor, dass „die Erwartungen [...] zur Anspruchsrhetorik [erstarren], wenn sie nicht mit Blick auf Möglichkeiten und Grenzen praktischer Umsetzbarkeit konkretisiert werden". Er führt aus:

„Die vielfältigen Herausforderungen inklusionsorientierten Unterrichtens werfen die Frage nach der Resonanzfähigkeit wohlklingender Ansprüche auf, die direkt oder implizit an Lehrkräfte gestellt werden. Ohne Resonanzfähigkeit zu erwägen, besteht die Gefahr, dass auch die Inklusionsdebatte die in pädagogischen Reformdiskussionen üblich gewordene Entwicklung nimmt. Konkrete Unterstützung für Lehrkräfte ist im Sprachnebel gesinnungsorientiert zugespitzter Floskeln nur undeutlich zu erkennen oder wird mit dem Hinweis auf Forschungsbedarf auf die lange Bank geschoben. In der Zwischenzeit dominieren Überforderungsslogans die Beschäftigung mit Unterricht. Das hat in der theoretischen Auseinandersetzung mit Schule eine lange Tradition." (Kahlert 2015, 185-186)

Genau aus diesem Problemverständnis heraus resultiert die folgende Abhandlung.

c) Idee des Buches

Die Idee des vorliegenden Buches ist es deshalb, sich mit Inklusion im Politikunterricht anhand des Falles *Friedemann* auseinanderzusetzen. Es handelt sich um einen konkreten Fall aus einer inklusiven Gemeinschaftsschule, der sich in der Unterrichtsreihe „Demokratie und Wahlen" ereignete. Im Fall *Friedemann* ist die Schwerpunktsetzung *Lernschwierigkeiten* angelegt. Anhand des Falles soll reflektiert werden, inwieweit ...

- es Friedemann im Unterricht möglich wurde, die Sache zu erschließen, und ob auf diese Weise seine politische Mündigkeit und Demokratiefähigkeit gefördert werden konnte;
- es Friedemann gelang, im Unterricht seinen eigenen Lernweg zu gehen, bei dem seine spezifischen Lernvoraussetzungen Berücksichtigung fanden;
- Friedemanns individuelle Art und Weise der Auseinandersetzung mit der Sache sich in das gemeinsame Lernen der Lerngruppe einbringen und dort Aufnahme erfahren konnte.

Im Fokus der Reflexion steht die Suche nach Momenten, Praktiken und Faktoren, bei denen die Inklusion realisiert und nach solchen, bei denen sie eher nicht realisiert werden konnte.

Von entscheidender Relevanz ist dabei auch die Frage, wie ein angemessenes Fallverstehen erreicht werden kann. Ich gehe hier so vor, dass ich zunächst den Politikunterricht, der den Kontext des Falles *Friedemann* bildet, politikdidaktisch begründe und den Fall in einem ersten Schritt aus dieser fachdidaktischen Perspektive heraus deute. Anschließend ziehe ich allgemeine inklusionsdidaktische Wissensbestände heran, um weiterführende Lesarten des Falles zu entwickeln.

Der vorliegende Band richtet sich an Studierende, Lehrkräfte, angehende Lehrkräfte im Vorbereitungsdienst sowie an Didaktikerinnen und Didaktiker.

2. DER FALL *FRIEDEMANN*

Wie eingangs bereits erwähnt ging der Fall *Friedemann* aus einer Unterrichtsreihe zu „Demokratie und Wahlen" hervor. Diese Unterrichtsreihe führte ich im September 2017 an einer inklusiven freien Gemeinschaftsschule im Rahmen meiner Praxis- und Aktionsforschung durch.

2.1 Wer ist Friedemann?

Friedemann ist ein sechzehnjähriger Junge, der an einer inklusiven Gemeinschaftsschule lernt. Seine Grundschulzeit verbrachte er ebenfalls an dieser inklusiven schulformenübergreifenden Bildungseinrichtung. Friedemann hat in den vergangenen Schuljahren bereits an mehreren Unterrichtsreihen im Fach Sozialkunde mit Interesse und Freude teilgenommen. Er ist es gewöhnt, mit Texten und Fallbeispielen im Sozialkundeunterricht zu arbeiten; auch bringt er seine Meinung in Diskussionen ein. Er liest aber vergleichsweise langsam und hat ein Textverständnis, das nur die wörtliche, konkrete Sinnebene des Sprachmaterials betrifft. Bildliche Sprache und Fremdwörter erschweren ihm das Lesen. Das Erschließen abstrakter Begriffe und Zusammenhänge stellt für ihn eine große Herausforderung dar, bei der er in der Regel Hilfe benötigt. Außerdem sind bei einer längeren Arbeit an einer Anforderung häufig motivierende und strukturierende Impulse notwendig, die seine Aufmerksamkeit bei der Auseinandersetzung mit dieser Sache aufrechterhalten.

Sein großes persönliches Interesse liegt im Bereich der Rock- und Metalmusik. Eine spezielle Vorliebe hat er für Rockmusiker und Bands aus der DDR. Insbesondere das Leben der Rockmusiker interessiert ihn. In Gesprächen thematisiert er auch oft ihre Todesursachen. Nach meiner Wahrnehmung nimmt er das als

Anlass, um darüber nachzudenken, was im Leben gefährlich sein könnte und worauf man aufpassen muss (z. B.: Alkohol und Drogen als Gefährdung, Rauchen als Gefährdung, zu wenig Schlaf als Gefährdung). Außerdem spielt für ihn das Thema Langhaarigkeit bei Männern eine wichtige Rolle. Im privaten Lebensbereich bringt er sich in einen Kulturklub ein und hilft bei der Organisation von Konzerten. Daneben mag er Comics und Witze. Ich hebe das hervor, weil diese Themen seine Auseinandersetzung mit der Welt wie auch seine Kommunikation mit anderen Menschen stark fokussieren – man könnte auch sagen, dass sie sie häufig dominieren.

Bei Friedemann wurde ein sonderpädagogischer Förderschwerpunkt im Bereich „geistige Entwicklung" erkannt. Bemerkenswert ist allerdings sein innerer Antrieb, nicht als hilfsbedürftig zu gelten. Er will bei den anderen in der Lerngruppe mit dabei sein; und gerade bei Fragen der täglichen Lebensführung (wie die Bewältigung seines Schulweges oder die Erledigung von Einkäufen) ist ihm Selbstständigkeit äußerst wichtig. Friedemann ist ein vollständig akzeptiertes Mitglied innerhalb seiner Lerngruppe.

Die Fokussierung auf Friedemann ist im Kontext von Inklusion begründungswürdig. Schließlich wäre es auch denkbar, das Unterrichtsgeschehen mit Blick auf verschiedene Heterogenitätsdimensionen und verschiedene Schülerinnen und Schüler darzustellen und zu untersuchen. Das hätte aber ein größeres Forschungsprojekt mit entsprechenden Kapazitäten für die mehrperspektivische Beobachtung, Dokumentation und Auswertung des Unterrichts vorausgesetzt. Die Konzentration auf Friedemann begründet sich im Einzelnen damit, dass sein Lernweg im Unterricht bei mir unmittelbar einen Bedarf nach didaktischer Deutung und Einordnung im Kontext von Inklusion wachgerufen hat. Das Vorgehen ist exemplarisch und selektiv; ich beziehe mich lediglich auf zwei Ausschnitte aus der gesamten Unterrichtsreihe.

2.2 Die didaktische Konzeption der Unterrichtsreihe „Demokratie und Wahlen“

Die Unterrichtsreihe „Demokratie und Wahlen“ setzte sich aus vier Teilen zusammen, die sach- und lernlogisch ineinandergriffen. Übersicht 1 zeigt den Aufbau der Unterrichtsreihe. Für die Durchführung der Unterrichtsreihe hatte die Schule die Stunden des Sozialkundeunterrichts so konzentriert, dass sie im Verlauf von ungefähr drei Wochen umgesetzt werden konnte.

Übersicht 1: Die Unterrichtsreihe „Demokratie und Wahlen“

	Didaktische Intention
Teil 1: „Die Demokratische Inselrepublik“ Umfang: 3 Doppelstunden	
Akt I: „Die Demokratische Inselrepublik. Eine Demokratie!?“ • Einführung in das Inselszenario • Analyse des Staatswesens • Beurteilung, ob es sich bei der „Demokratischen Inselrepublik“ um eine „echte“ Demokratie handelt	Erschließung des Demokratiebegriffs und der Merkmale einer Demokratie
Akt II: „Ein neuer Anfang – Suche nach Vorbildern“ • Szenario: Neuanfang auf der Insel • Die Inselbewohner wollen eine wirkliche Demokratie aufbauen und suchen nach Vorbildern. • Exkursion: Untersuchung der Demokratie der Bundesrepublik Deutschland	Erschließung ausgewählter Grundzüge und Organe der Demokratie in der Bundesrepublik Deutschland, gestaltungsorientierte Reflexion
Akt III: „Die erste Wahl“ – Entdeckung der Wahlgrundsätze • Durchführung der ersten Wahl nach dem Neuanfang • Wahlgrundsätze: offene Wahlen, Anzahl der Kreuze nach Einkommen, Wahlpflicht => Simulation der Wahl • Gründung von Kommissionen zur Reform der Wahlgrundsätze, abschließender Bezug zu Art. 38 GG	Erschließung der demokratischen Wahlgrundsätze
Teil 2: Juniorwahl Umfang: 3 Doppelstunden Analyse ausgewählter politischer Problemlagen und Herausforderungen, Recherche in Wahl- und Parteiprogrammen, Vorbereitung und Durchführung der Juniorwahl	politische Meinungs- und Willensbildung, Vertrautheit mit Wahlakt fördern (kognitiv, emotional)

→

	Didaktische Intention
Teil 3: Die Gründung eigener Parteien Umfang: 2 Doppelstunden	Vertiefung Begriff *Partei*, Erschließung der Artikulations- und Bündelungsfunktion
Teil 4: Streitgespräch *„Unsere Demokratie ist nicht demokratisch genug! Wir brauchen direktdemokratische Volksabstimmungen!"* Umfang: 2 Doppelstunden	Erweiterung und Vertiefung einer gestaltungsorientierten Perspektive auf die Demokratie, Urteilsbildung und Positionierung zur Aussage

Der **erste Teil** „Die Demokratische Inselrepublik" baute auf einem fiktiven Inselszenario auf, das die Möglichkeit bot, den Demokratiebegriff und weiterführend ausgewählte Grundzüge der Demokratie in der Bundesrepublik Deutschland kontrastiv zu erschließen. Methodisch orientierte sich dieser Teil an einem genetischen Lehrgang (vgl. Fischer 2012, 265-266), der sich in drei Akte untergliederte. Der zeitliche Gesamtumfang betrug drei Doppelstunden. Auf den ersten Akt möchte ich im Folgenden näher eingehen, weil er den Kontext für den Fall *Friedemann* bildet.

Ausgangs- und Bezugspunkt ist die Inselgeschichte „Die demokratische Inselrepublik". Die Regierung in dieser fiktiven Inselrepublik ist von der Mehrheit der Inselbevölkerung gewählt, gleichzeitig gibt es aber keine Opposition, keine Meinungs- und Pressefreiheit, keine Gewaltenteilung, keine Rechtsstaatlichkeit, politisch Andersdenkende werden verfolgt.

Die Inselgeschichte, Teil 1

Leas Bericht über die „Demokratische Inselrepublik“

Lea, 15 Jahre

die Insel

wirtschaftlicher Erfolg

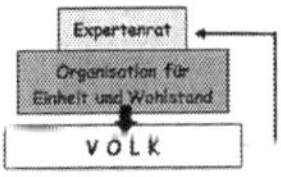

„Demokratische Inselrepublik“

Artis Berg, Vorsitzender des Expertenrates

Nachrichten

Wir schreiben das Jahr 2100. Ich heiße Lea und lebe in der „Demokratischen Inselrepublik“. Ich möchte als Erstes sagen, dass ich sehr stolz auf mein Land bin. Unsere Insel hatte sich etwa vor 100 Jahren durch Erdplattenverschiebungen im Nordatlantik gebildet und ist dann von Menschen aus ganz verschiedenen Teilen der Welt bevölkert worden. Nach kurzer Zeit haben sich die Siedler dann selbstständig gemacht und die „Demokratische Inselrepublik“ ausgerufen. Ich weiß aus dem Geschichtsunterricht, dass die ersten Jahrzehnte sehr schwer waren. Aber nach der Gründung der „Organisation für Einheit und Wohlstand“ (OEW) ging alles vorwärts. Unsere Republik blühte wirtschaftlich auf.

Die „Organisation für Einheit und Wohlstand“ stellt in unserer Inselrepublik sicher, dass alles läuft. Sie kontrolliert die Wirtschaft und besetzt alle wichtigen Stellen in Staat und Gesellschaft. Dort kann jeder mitmachen. Wenn du was gestalten willst, trittst du da ein. Dadurch hat eben alles seine Ordnung. Leute, die nicht Mitglieder der „Organisation für Einheit und Wohlstand“ sind, dürfen keine große Verantwortung übernehmen. Das stellt sicher, dass die Leute, die an den wichtigen Stellen in Wirtschaft, Gesellschaft und Politik sitzen, für unsere Republik sind und nicht irgendwelche Gegner sind oder so.

An der Spitze der Organisation steht der sogenannte „Expertenrat“. Er wird geführt vom Vorsitzenden Artis Berg. Artis Berg ist unser Landesvater. Er trifft gemeinsam mit dem Expertenrat die wichtigen Entscheidungen, verabschiedet Gesetze und führt unser Gemeinwesen. Alle vier Jahre wird der Expertenrat durch eine Abstimmung des Volkes bestätigt. Seit Artis Berg unsere Republik führt, wurde der Expertenrat immer mit über 90 % der Stimmen bestätigt. Alle sind zufrieden. Wenn man Fernsehen guckt oder Zeitung liest, bekommt schließlich auch jeder mit, was Artis Berg alles für uns tut. Ohne ihn würde es unsere Republik so nicht geben. Uns würde es wirtschaftlich nicht so gut gehen und wir wären wahrscheinlich schon längst im Chaos versunken.

Es gibt bei uns nämlich einige, die alles versuchen, unsere Insel kaputt zu machen. Artis Berg sagt, das sind ausländische Agenten und Terroristen, die nicht damit klarkommen, dass wir uns selbstständig gemacht haben und unsere Republik zum Blühen gebracht haben. Aber Angst habe ich keine, denn unsere Polizei tut alles, um uns zu schützen.

verfasst und illustriert von Christian Fischer

Die Inselgeschichte, Teil 2

Karls Bericht über die „Demokratische Inselrepublik“

Karl, 17 Jahre

Ich heiße Karl und ich möchte euch einiges erzählen, was Lea nicht gesagt hat: Unser sogenannter Anführer lässt alle, die politisch anders denken, verfolgen. Sie werden dann zu Staatsfeinden, Verbrechern oder Terroristen erklärt. Wird jemand dem Expertenrat gefährlich, dann bekommt er wegen eines erfundenen Grundes ein Gerichtsverfahren an den Hals. Entweder hat derjenige dann angeblich Geld veruntreut, ist ein ausländischer Agent oder plant einen Putsch. Die Gerichte entscheiden natürlich immer im Sinne von Artis Berg und seinem Expertenrat, schließlich wurden ja auch alle Richter von ihm eingesetzt und können von ihm auch wieder entlassen werden. Die Gesetze, die es bei uns gibt, kommen alle vom Expertenrat. Nur er darf Gesetze verabschieden. Und sie werden ganz schnell geändert, wenn es ihm und seiner Machterhaltung nützt. Schon wenn man der „Organisation für Einheit und Wohlstand“ nicht beitritt, ist das verdächtig. Du wirst dann gefragt: „Wieso trittst du nicht bei? Willst du denn nicht mitgestalten? Bist du gegen Einheit und Wohlstand?“ Und dass man im Fernsehen und in den Zeitungen nur Gutes über Artis Berg, seinen Expertenrat und die „Organisation für Einheit und Wohlstand“ liest, begründet sich damit, dass alle kritischen Medien abgeschaltet oder der „Organisation für Einheit und Wohlstand“ eingegliedert wurden. Und die Wahlen sind ein Witz. Auf dem Stimmzettel steht: „Sind Sie dafür, dass der Expertenrat mit Artis Berg an der Spitze seine erfolgreiche Arbeit für unsere Republik fortsetzt: ja oder nein?“. Es ist zum Verrücktwerden. Die meisten merken doch gar nicht, was hier passiert. Die stellen keine Fragen, glauben alles und jubeln.
Das ist doch keine Demokratie, oder?

verfasst und illustriert von Christian Fischer

Über das Szenario der „Demokratischen Inselrepublik“ wird der Versuch unternommen, bei den Lernenden eigene Überlegungen darüber anzuregen, was eine Demokratie ausmacht und wie man Demokratie definieren kann. Die Inselgeschichte ist dabei so zugeschnitten, dass die Lernenden erkennen, welche fundamentale Bedeutung politische Auswahlmöglichkeiten, der Schutz einer Opposition, Meinungs- und Pressefreiheit, Gewaltenteilung und Rechtstaatlichkeit für eine Demokratie besitzen. Hierin drückt sich das genetische Element in der didaktischen Konzeption aus. Genetisch im vorliegenden Kontext bedeutet *werdend, entstehend* oder *entdeckend* (vgl. Petrik 2013, 98-103 u. 243-255). Stark vereinfacht ausgedrückt beinhaltet der genetische Ansatz die Idee, dass man Lernende mit Szenarien konfrontiert, in denen sie eigenständig auf die Bedeutung von politischen Begriffen und Zusammenhängen stoßen und sie (neu) entdecken. Es geht um Situationen, aus denen heraus sich die Entstehung politischer Begriffe und Ordnungsvorstellungen nachvollziehen lässt, und zwar nicht historisch, sondern auf der Ebene ihres politischen Ideengehalts (vgl. Petrik 2013, 98-103 u. 243-255). Die „Demokratische Inselrepublik" hat auch einen Fallcharakter. Allerdings ist das Szenario der „Demokratischen Inselrepublik" nicht nahräumlich konzipiert, es transportiert Zusammenhänge über die politische Organisation des Insel*staates*.

Die „Demokratische Inselrepublik" lässt sich als eine fiktive Fallgeschichte beziehungsweise als ein fiktives Inselszenario bezeichnen, das aber Elemente realer beschädigter Demokratien beziehungsweise autokratischer Systeme mit quasi-demokratischem Anstrich enthält, so wie sie sich beispielsweise gegenwärtig in Russland, der Türkei oder in China finden lassen (vgl. Frankenberger 2018, 20-26). Der Vorteil der Fiktionalität besteht aus meiner Sicht in drei Punkten:

a) Offenes Nachdenken durch Verfremdung

Die Inselgeschichte befreit die Auseinandersetzung im Unterricht von tagespolitischen Geschehnissen und vorgefertigten, oft emotionalen Deutungsmustern (auch aufgrund persönlicher Verstrickungen wie politische Auffassungen im Elternhaus oder in der Peergroup), die insbesondere bei Namen wie Putin oder Erdoğan auftreten. Die in der Inselgeschichte angelegte Verfremdung ermöglicht ein unvoreingenommenes Nachdenken über die Merkmale und Funktionsbedingungen einer Demokratie.

b) Reduzierte Komplexität

Würde man reale Länderbeispiele (z. B. die Türkei oder Russland) zur kontrastiven Reflexion des Begriffs „Demokratie" heranziehen, dann wären konkrete Vorwissensbestände über ihr politisches System erforderlich. Bei der Arbeit mit der Inselgeschichte entfällt hingegen diese Voraussetzung. In der Inselgeschichte sind alle Informationen über das politische System der Inselrepublik angelegt. Die Inselgeschichte arbeitet mit vergleichsweise einfachen Setzungen in Bezug auf die politische Verfasstheit. Die Komplexität ist reduziert und damit idealtypisch pointiert.

c) Förderung eines politischen Möglichkeitsdenkens

Die Auseinandersetzung mit dem fiktiven Inselszenario eignet sich in besonderem Maße, um ein politisches Möglichkeitsdenken zu fördern. So sieht die didaktische Konzeption des Inselszenarios für Akt II die Setzung vor, dass sich die Inselbewohner dazu entschlossen haben, eine wirkliche Demokratie aufzubauen; sie suchen nach Vorbildern und setzen sich in diesem Zusammenhang mit den Grundzügen der Demokratie in der Bundesrepublik Deutschland auseinander. Die Lernenden, die in dieser Setzung die Rolle eines Reformrats auf der Insel übernehmen, überlegen nun, welche Prinzipien und Institutionen sie aus der Bundesrepublik Deutschland übernehmen und ob/inwieweit sie sie für die Insel abändern wollen (vgl. Fischer 2012, 257). Auf diese Weise erwerben sie nicht nur institutionenkundliches Wissen, sondern denken zugleich auch über die mögliche politische Aus- und Umgestaltbarkeit der Institutionen nach. Damit wird die Erkenntnis unterstützt, dass Institutionen Produkte menschlichen Handelns sind (vgl. Massing 2014, 296; Deichmann 2013, 87-88; Fischer 2012, 256-257).

Für Akt III sieht die Konzeption vor, dass die Schülerinnen und Schüler dann als „Inselbewohner“ eine Wahl in der neuen Demokratie durchführen, bei der die folgenden Wahlgrundsätze vorgegeben sind (vgl. Fischer 2012, 261-262):

- Es besteht Wahlpflicht.
- Wer mehr verdient und damit über seine Steuern mehr zum Gemeinweisen beiträgt, darf auch mehr Kreuze machen.
- Die Wahlen finden offen statt, um das Vertrauen zu festigen und Heimlichtuerei vorzubeugen.

Nach der Erprobung dieser Wahlgrundsätze in einer simulierten Wahl überlegen die Lernenden aus ihren Erfahrungen heraus, welche Reformen der Wahlgrundsätze sie für wünschenswert halten. In diesem Rahmen untersuchen sie auch die Wahlgrundsätze in der Bundesrepublik Deutschland (Art. 38 GG). Sie denken darüber nach, welche der Wahlgrundsätze aus dem GG sie für die Insel übernehmen und ob sie Änderungen vornehmen wollen (z. B.: Änderung des Wahlalters, mehrfaches Wahlrecht für Familien mit Kindern) (vgl. Fischer 2012, 262).

Kurz möchte ich noch auf den weiteren Verlauf der Gesamtunterrichtsreihe „Demokratie und Wahlen", also auf die Teile 2, 3 und 4, eingehen: In **Teil 2** der Unterrichtsreihe stand die Juniorwahl zur Bundestagswahl 2017 im Mittelpunkt (vgl. Übersicht 1). Es war geplant, dass die Lernenden zunächst ihre politischen Wünsche und Interessen mit Blick auf ausgewählte politische Problemlagen und Herausforderungen wie „Arbeit und Soziales", „Kinder, Jugendliche und Bildung", „Flucht und Asyl" und „Umwelt" (jeweils unter vorheriger Bezugnahme auf entsprechendes Informationsmaterial) bestimmen, sich dann mit den Wahlprogrammen der Parteien auseinandersetzen und anschließend die Juniorwahl (selbstorganisiert) durchführen.

In **Teil 3** der Unterrichtsreihe war vorgesehen, dass die Lernenden eigene Parteien, die ihren politischen Wünschen und Interessen entsprechen, „gründen" (vgl. Übersicht 1).

Teil 4 hatte ein Streitgespräch zum Gegenstand, in dem die Aussage *„Unsere Demokratie ist nicht demokratisch genug! Wir brauchen direktdemokratische Volksabstimmungen!"* diskutiert wurde (vgl. Übersicht 1).

2.3 Fallbeschreibung

Die folgende Fallbeschreibung bezieht sich auf Friedemanns Lernweg in Teil 1 der Unterrichtsreihe und hier auf den Beginn, den ersten Akt (vgl. Übersicht 1):

Zu Beginn der Unterrichtsreihe stellte ich den Schülerinnen und Schülern zunächst das Thema „Demokratie und Wahlen" vor und entfaltete das Vorhaben, gemeinsam über grundsätzliche Fragen der Demokratie nachzudenken. Ich sagte den Jugendlichen, dass es hierfür sehr lohnend sein könne, sich aus dem Hier und Jetzt zu lösen und diesen Fragen in Geschichten und/oder entfernten Welten nachzugehen. Daraufhin lud ich sie ein, mit mir die „Demokratische Inselrepublik“ zu entdecken. Die Schülerinnen und Schüler zeigten sich hierfür offen. An dieser Stelle ist anzumerken, dass die Lerngruppe mit einer fallorientierten, simulativen und genetischen Unterrichtsgestaltung vertraut ist. Ich führte in das Szenario ein, indem ich einfühlsam den Inhalt des ersten Teils der Inselgeschichte „Leas Bericht über die ‚Demokratische Inselrepublik‘“ vorlas und mit den entsprechenden Bildern (als einzelne Bilder ohne Text) illustrierte. Die illustrierenden Bilder waren Teil einer PowerPoint-Präsentation. Danach fragte ich die Schülerinnen und Schüler, ob sie gern auf dieser Insel leben würden. Es gab mehrere Meldungen. In allen Meldungen kam zum Ausdruck, dass das Leben auf der Insel oberflächlich betrachtet sehr schön klinge, aber dass es offenbar darauf ankäme, ob man als Befürworter oder Gegner der politischen Führung auf der Insel lebt. Einige Lernende kritisierten auch bereits die Machtstellung der „OEW“ und des „Expertenrates“.

Danach las ich den Bericht des Inselbewohners Karl (Inselgeschichte, Teil 2) vor. Die abschließende Frage seines Berichts „Das ist doch keine Demokratie, oder?“ stellte ich zur Diskussion. Es entwickelte sich ein gemeinsames Unterrichtsgespräch, bei dem die Lernenden der Aussage, dass es sich nicht um eine Demokratie handele, mehrheitlich zustimmten. Ich stellte diesen Konsens wiederholt infrage, indem ich provokativ darauf hinwies, dass 90 % der Inselbevölkerung den Expertenrat demokratisch bestätigt hätten und auch jeder in der „OEW“ mitmachen könne. Das führte zu der erkenntnisleitenden Frage, was eine echte Demokratie eigentlich ausmacht. Oder anders formuliert: An welchen Merkmalen macht man eigentlich fest, ob es sich bei der politischen Ordnung auf der Insel um eine Demokratie handelt oder nicht? Die Lernenden bekamen hierfür die Inselgeschichte (Teil 1 und Teil 2) als Material mit der entsprechenden Aufgabenstellung ausgehändigt. Die Aufgabenstellung lautete folgendermaßen:

Aufgabenstellung

Einzelarbeit

Lies die Berichte von Lea und Karl über das Leben in der „Demokratischen Inselrepublik".

1. **Wie sieht Lea das Leben in ihrem Land? Was und wen findet sie gut?**
2. **Was erfährt man von Lea über die politische Ordnung der „Demokratischen Inselrepublik"? Wie ist der Staat organisiert?**
3. **Was erfährt man von Karl über die politischen Verhältnisse auf der Insel?**
4. **Beurteile, ob es sich bei der „Demokratischen Inselrepublik" um eine Demokratie handelt. Entwickle dafür eine Definition von Demokratie (nach Merkmalen), die du als Maßstab anlegst.**

Halte deine Arbeitsergebnisse schriftlich fest.

Gruppenarbeit

Besprecht eure Arbeitsergebnisse aus der Einzelarbeit gemeinsam in der Gruppe. Haltet eure Demokratie-Definition auf dem ausgeteilten großformartigen Blatt schriftlich fest.

Bereitet die Präsentation eurer Arbeitsergebnisse vor.

Friedemann hatte die Einführung in den Unterricht aufmerksam verfolgt, ohne sich aber am Unterrichtsgespräch zu beteiligen. Das Inselszenario interessierte ihn jedoch. Er ging engagiert an die Arbeit und arbeitete heraus, was Lea als Bewohnerin der Insel gut findet:
- „Artis Berg bestimmt
- Expertenrat trifft Entscheidungen
- OEW sorgt dafür, dass alles läuft
- jeder kann mitmachen".

Er konnte ebenfalls benennen, dass Karl die Verfolgung von Andersdenkenden schlecht findet.

Die Fragen, wie der Inselstaat politisch organisiert sei und ob es sich um eine echte Demokratie handele, waren für ihn hingegen sehr schwierig. An dieser Stelle kam er beim Arbeiten nicht weiter. Er „kreiste" stattdessen um die Frage, ob es nicht gut sei, dass die „Terroristen" verhaftet werden. Ich ging zu Friedemann und erklärte ihm die politischen Verhältnisse auf der Insel noch einmal. Ich sagte: *„Friedemann, stell dir vor, jemand auf der Insel ist gegen den Führer Artis Berg und wird ihm gefährlich; dafür wird derjenige dann einfach ins Gefängnis gesteckt. Man behauptet einfach, der, der eine andere Meinung hat, ist ein Terrorist."* Friedemann entgegnete: *„Aber es ist doch gut, wenn ein Terrorist eingesperrt wird, denn der will doch Menschen töten."* Ich erwiderte: *„Derjenige ist aber kein Terrorist, der hat nur eine andere Meinung, der will niemanden töten. Das wird nur gesagt, um ihn einsperren zu können."* Friedemann blieb bei seiner Haltung und argumentierte: *„Aber das weiß man doch nicht. Was ist, wenn die doch Recht haben und der ist wirklich ein Terrorist?"* Ich spielte Friedemann daraufhin die Situation ansatzweise vor: Er sei gegen den Anführer und dann komme einfach die Polizei und sage ‚Du bist gegen uns. Du bist ein Terrorist'. Friedemann lachte daraufhin. Er meinte: *„Naja, das ist ja auch ein bisschen komisch diese Geschichte. Das ist ja gar nicht so. Das kommt mir ja irgendwie wie ein Comic oder ein Witz vor."* Im gemeinsamen Gespräch mit Friedemann konnte noch herausgearbeitet werden, dass es sehr schwer zu sagen sei, ob jemand ein Terrorist ist oder nicht, wenn ein Staat das behauptet.

Die Arbeitsphase war zeitlich vorangeschritten. Die anderen Gruppen stellten daher nun ihre Arbeitsergebnisse vor. Im Folgenden werden beispielgebend die Ergebnisse aus zwei Arbeitsgruppen (zu Aufgabe 4) gezeigt.

Beispiele Arbeitsergebnisse

Arbeitsgruppe 1

Demokratie

Merkmale:

- Meinungsfreiheit
- Medienfreiheit
- Wahl zwischen mehreren Möglichkeiten
- Alle können mitentscheiden.

Wahl zwischen verschiedenen Parteien	Wahl zwischen verschiedenen Möglichkeiten
indirekte Demokratie	*direkte Demokratie*

Arbeitsgruppe 2

Demokratie

- Freie Lebensgestaltung
- Staat arbeitet im Sinne des Volkes an transparenten Zielen.
- Führung aufgeteilt auf verschiedene Personen
- (Aus-)Wahl der Regierung zwischen mehreren Personen/Parteien
- Alle Menschen sind gleich viel wert, jede Person (im Erwachsenenalter) darf wählen.
- Medien/Meinungsfreiheit, ungelenkt vom Staat (Kritik annehmen)

Die Arbeitsergebnisse konnten in der folgenden Doppelstunde dann zu einer gemeinsamen Merkmalsdefinition verdichtet werden, die ich um einzelne Fachbegriffe ergänzte.

2.4 Erste Deutung aus einer politikdidaktischen Perspektive

Aus einer politikdidaktisch-normativen Perspektive, die sich vor allem an den Intentionen des Unterrichts orientiert, könnte man zu der folgenden Deutung kommen: Friedemann ist es weder gelungen, eine Demokratiedefinition nach Merkmalen zu entwickeln, noch zu beurteilen, ob es sich bei der „Demokratischen Inselrepublik" um eine Demokratie handelt. Auch arbeitete er nicht mit anderen Schülerinnen und Schülern aus seiner Lerngruppe zusammen. Er brauchte deutlich länger als die anderen, um die Inselgeschichte zu lesen. Ein erstes Verständnis der politischen Organisation der „Inselrepublik" konnte er sich verschaffen, aber keine kritische Reflexion ihrer politischen Struktur (fehlende Auswahlmöglichkeiten, keine Opposition, keine Meinungs- und Preisefreiheit, Verfolgung von politisch Andersdenkenden etc.) vornehmen, so wie es die Intention der Stunde vorsah. Friedemann verharrte bei der Frage, ob es nicht gut sei, Menschen zu verhaften, die der Staat als Terroristen bezeichnet.

Entgegen der politikdidaktischen Annahme, dass Inselgeschichten motivieren und zu politischen Reflexionen führen, bei denen alltagsbezogene Wissensbestände zu fachlichen Wissensbeständen abstrahiert werden können, blieb Friedemann beim Nachdenken über die Verfolgung vermeintlicher Terroristen stehen. Nach meinem Eindruck erkannten die meisten anderen Schülerinnen und Schüler die erkenntnisleitende Funktion der Inselgeschichte, nämlich dass man anhand von ihr über Demokratie nachdenkt. Dieses Nachvollziehen bzw. Antizipieren der didaktischen Funktion der Inselgeschichte lag bei Friedemann nicht vor. Vielmehr schien sich Friedemann zu fragen, was ihm die Geschichte sagen soll. Die Inselgeschichte kam ihm vor wie ein „Witz" oder wie ein „Comic". Die Fiktionalität der Geschichte beförderte entgegen der didaktischen Annahme nicht eine offene

Reflexion über den Begriff *Demokratie*, sondern stellte ihn vor die Frage, was er eigentlich mit der Inselgeschichte anfangen soll. Auf den ersten Blick lassen sich bei ihm auch keine lebensweltlichen Vorstellungen erkennen, die er in das Nachdenken über Demokratie einbringt.

Nach dieser ersten engen Lesart scheinen die Gedankengänge, die die Inselgeschichte bei Friedemann hervorriefen, zu wenige Bezüge zu den Überlegungen der anderen Lernenden zu haben, denn in den anderen Arbeitsgruppen wurden ja verschiedene Merkmale einer Demokratie kontrastiv über die Inselgeschichte bestimmt. Hier zeigen sich die Herausforderungen inklusiver Bildung: Das Unterrichtssetting entspricht dem Ansatz moderner Institutionenkunde und seine Intention ging bei der überwiegenden Mehrheit der Lernenden auf. Die Lernenden bekamen eben keine fertige Definition des Begriffs „Demokratie" vorgesetzt, sondern erarbeiteten sie sich kontrastiv über die Inselgeschichte. Die einzelnen Merkmale der Demokratie wie beispielsweise das Vorhandensein von Auswahlmöglichkeiten, der Schutz der Opposition und die Sicherung von Meinungs- und Pressefreiheit wurden in ihrer normativen und funktionalen Bedeutung über den Bezug zur Inselgeschichte erschlossen.

Folgt man der hier entworfenen engen Lesart, dann kommt man zu der Schlussfolgerung, dass Friedemann diesem angelegten Lernweg so nicht folgen konnte. Wenn man ausschließlich die Definition des Demokratiebegriffs als Unterrichtsziel heranzieht, dann ließe sich die Inselgeschichte für sein fachliches Lernen sogar als hemmend einstufen, weil es Friedemann offenbar nicht gelang, über sie Merkmale einer Demokratie zu bestimmen. Man könnte sogar so weit gehen, die Inselgeschichte in ihrer langen Textform, ihrer Fiktionalität und ihrem erforderlichen Reflexionsniveau als einen exkludierenden Faktor im Unterricht herauszustellen. Was wäre dann aber die didaktische Konsequenz? Möglicherweise: ‚*Für die anderen Schülerinnen und Schüler ist das methodische Vorgehen sinnvoll, jedoch nicht für Friedemann, er braucht eben ein Extra-Material!?*' Oder polemisch formuliert: ‚*Inklusion funktioniert einfach nicht!?*'

An dieser Stelle ist Vorsicht vor zu schnellen Schlussfolgerungen geboten. Ohne Zweifel zeigt der Fall *Friedemann* die praktischen Schwierigkeiten, die in der Idee inklusiver Bildung im Politikunterricht angelegt sind. Aus meiner Sicht kann der Maßstab der Fallreflexion aber nicht ausschließlich in der Frage liegen, ob sich die politikdidaktischen Annahmen des Unterrichts auch bei Friedemann direkt verwirklicht haben. Deshalb sollen in Kapitel 3 allgemein-inklusionsdidaktische Ansätze mitherangezogen werden, um zu überprüfen, welche erweiterten Lesarten des Falles sich mit ihnen entwickeln lassen. Ziel ist es, über den Wechsel von einer normativen zu einer deskriptiven Perspektive das Nachdenken über Inklusion und über alternative Vorgehensweisen im Politikunterricht anzuregen.

Ein wichtiger Punkt sei zuvor aber noch angesprochen: Der Fall verdeutlicht die Grenzen einer bei einigen Politikdidaktikerinnen und Politikdidaktikern anzutreffenden Sichtweise, wonach die politische Bildung einen Expertenstatus für Inklusion besäße, weil sie bereits seit langem dem Beutelsbacher Konsens folge (vgl. Besand/Jugel 2015b, 101-102). Das Kontroversitätsprinzip des Beutelsbacher Konsens besagt, dass alles, was in Politik und Gesellschaft kontrovers diskutiert wird, auch kontrovers im Unterricht dargestellt werden müsse (vgl. Reinhardt 2018, 29-30). Daraus resultieren das Verbot von politischer Überwältigung und das Gebot von politischer Perspektivenvielfalt. Der Bezug auf das Kontroversitätsprinzip hilft bei der Deutung des vorliegenden Falles aber nicht weiter, weil es hier nicht in erster Linie um das Aufeinandertreffen unterschiedlicher politischer Sichtweisen geht, sondern um spezifische Verstehens- und Lernvoraussetzungen (vgl. hier auch die Kritik von Zustrassen 2015a, 111-112).

---

3. DIE DEUTUNG DES FALLS *FRIEDEMANN* NACH AUSGEWÄHLTEN INKLUSIONSDIDAKTISCHEN ANSÄTZEN

Mein Vorgehen, allgemeine inklusionsdidaktische Ansätze heranzuziehen, um mit ihnen fachdidaktisches Denken zu ergänzen und Unterricht zu deuten, ist maßgeblich von dem Buch „Deutschunterricht in der inklusiven Grundschule. Perspektive und Beispiele" von Nadine Naugk, Alexandra Ritter, Michael Ritter und Sascha Zielinski (Naugk u. a. 2016) beeinflusst. Dieses Vorgehen hat mich inspiriert und die vorliegende Arbeit am Fall *Friedemann* angeregt. Bei der nachfolgenden Auswahl von allgemeinen inklusionsdidaktischen Ansätzen orientiere ich mich unmittelbar an Naugk u. a. (2016, 25-33). Es sind Ansätze, über die sich inklusiver Unterricht als ein „Lernen in Vielfalt und Gemeinsamkeit" – mit jeweils unterschiedlichen Schwerpunktsetzungen – fassen lässt (ebd., 25).

3.1 Georg Feuser: Lernen am gemeinsamen Gegenstand

Georg Feuser ist Integrationspädagoge und hat Ende der achtziger Jahre das „Theorem des Gemeinsamen Gegenstands" entwickelt, das heute als inklusionsdidaktischer Ansatz gilt (Naugk u. a. 2016, 26). Er verfolgt die Frage, wie sich Gemeinsamkeit im Unterricht auf der Inhaltsebene schaffen lässt und die kooperative Bearbeitung des Inhalts den Schülerinnen und Schülern zugleich individuelle Lern- und Entwicklungsmöglichkeiten bieten kann (vgl. Feuser 1989, 31-36; Feuser 1997, 154).

Nach Feusers Ansatz treten die Kinder und Jugendlichen an den gemeinsamen Gegenstand mit ihren unterschiedlichen individuellen Wahrnehmungs-, Denk- und Handlungsmustern heran (vgl. Feuser 1989, 31-32). Aus ihren individuellen Lernbedingungen heraus erschließen sie sich jeweils einzelne Aspekte und Dimensionen des gemeinsamen Gegenstandes im Unterricht. Das heißt: Jeder Schüler und jede Schülerin nähert sich dem gemeinsamen Gegenstand auf eine ganz spezifische Wahrnehmungsweise und bearbeitet ihn in einer Form, die seinem/ihrem Entwicklungsniveau entspricht. Über diese Auseinandersetzung, so die didaktische Annahme, denkt er/sie anschließend anders über einen oder mehrere Aspekte dieses Gegenstandes nach und nimmt ihn anders wahr (Feuser 1989, 26-29).

Folgt man Feuser, dann sind es vor allem Projekte, bei denen ein Lernen am gemeinsamen Gegenstand unter Berücksichtigung der ganz unterschiedlichen „Erfahrungshorizont[e]“ und „Bedürfnislage[n]“ der Schülerinnen und Schüler realisiert werden kann (Feuser 1989, 31). Um seinen Ansatz zu verdeutlichen, arbeitet Feuser mit dem Bild eines Baumes: Der Stamm steht für die „thematische Struktur eines Projektes“. Seine Wurzeln bilden die wissenschaftlichen Grundlagen der „Fach- und Humanwissenschaften“ ab (Feuser 1989, 31). Die Äste und Zweige symbolisieren die „Wissenschaftsbereiche[]“, die die Inhalte des Projekts abdecken, wobei die Astansätze die „sinnlich-konkret[e]“ Ebene und die Astspitzen jeweils die „abstrakt-logisch symbolische[]“ Ebene in Form von „Sprache, Schrift, Formeln“ darstellen (Feuser 1989, 31). „Je nach der momentanen Wahrnehmungs-, Denk- und Handlungskompetenz eines Schülers kann er einem oder mehreren Ästen entlang lernen, muß dies aber nicht in jedem Projekt in bezug auf jeden Ast und Zweig leisten“, so Feuser (1989, 31). Jede/-r Lernende erschließt also diejenigen Aspekte des gemeinsamen Gegenstandes, die seinem Entwicklungsniveau entsprechen. Im Ergebnis findet eine kooperative Erschließung des Gegenstandes statt, bei der ganz unterschiedliche Wahrnehmungsebenen, Bedeutungsgehalte und Abstraktionsstufen des Gegenstandes Berücksichtigung finden.

Als Beispiel für einen gemeinsamen Gegenstand nennt Feuser das Vorhaben „Wir kochen einen Gemüseeintopf“ im Projekt Ernährung (vgl. Feuser 1989, 32 u. 36). Das Kochen der Suppe stellt den „Zweig eines Astes der didaktischen Baumstruktur" dar. „Die im Vorgang des Kochens durch die einwirkende Wärme entstehenden Veränderungen sind der gemeinsame Gegenstand des Unterrichts" (Feuser 1989, 32); es geht um die Gesetze der Thermodynamik. Für Feuser ist der gemeinsame Gegenstand der Prozess, der sich für den einen Schüler auf einer sinnlichen Ebene fassen und beschreiben lässt, so in Form von Gerüchen, Geräuschen und ihrer Veränderung, und für den anderen in Form von physikalischen und chemischen Formeln. Auf dieser Grundlage lassen sich dann individualisierte Lernziele entwickeln, angefangen vom Erfassen, wie sich die Konsistenz und der Geschmack von Gemüse durch das Kochen ändern, über die Beherrschung des Elektroherds bis zum Verstehen der ablaufenden physikalischen und chemischen Prozesse und ihrer Darstellung in Symbolen und Formeln (vgl. Feuser 1989, 32, 36).

Zur Deutung des Falles *Friedemann*

Nach Feusers Verständnis lassen sich die Merkmale einer Demokratie, die über das politische Zusammenleben in der „Demokratischen Inselrepublik", also anhand der Inselgeschichte, kontrastiv erarbeitet werden, als der gemeinsame Gegenstand verstehen. Friedemanns Auseinandersetzung mit der Frage, ob die als Terroristen bezeichneten politisch Andersdenkenden und Regimegegner nicht doch eine terroristische Gefahr seien, und sein „Kreisen" um diese Frage lassen sich als Ausdruck seines individuellen Zugangs deuten. Dieser Zugang entspricht seiner persönlichen entwicklungsbedingten Wahrnehmungs- und Denkweise. Demnach wäre sein „Kreisen" um diese Frage weder ein Denkfehler noch Zeichen eines „Nicht-Mitkommens" im Unterricht, sondern wie bereits erläutert sein individueller Anknüpfungspunkt in der Auseinandersetzung mit der Inselgeschichte. In diesem Zusammenhang gewinnt die Information aus Kapitel 2.1 an Relevanz, dass Friedemann auch lebensweltlich die Frage beschäftigt, was gefährlich ist und wo man aufpassen muss.

Feusers Ansatz lässt zugleich Bezüge zur Politikdidaktik zu: Die Fachgruppe Sozialwissenschaften unterscheidet in ihrem Kompetenzmodell die fünf Kompetenzen *sozialwissenschaftliches Analysieren, politisch-moralische Urteilsbildung, Konfliktfähigkeit, Perspektivenübernahme* und *Partizipation* (vgl. Behrmann/Grammes/Reinhardt 2004, 337-338; Reinhardt 2018, 22-24; Petrik 2013, 344-345). Als Graduierungsmodell, also als Grundstruktur, in der sich diese Kompetenzbereiche realisieren und entwickeln können, gibt sie die drei entwicklungslogischen Niveaus *Person/Bedürfnis, Institution* und *System* vor, die sich in der Reichweite ihrer sozialen Perspektive wie auch im Grad der Abstraktheit des Denkens unterscheiden (vgl. Behrmann/Grammes/Reinhardt 2004, 338; Reinhardt 1997, 46-50; Reinhardt 2018, 184-186). Übersicht 2 führt die Niveaus in der Formulierung der Fachgruppe Sozialwissenschaften auf.

Übersicht 2: Kompetenzniveaus der Fachgruppe Sozialwissenschaften am Beispiel des sozialwissenschaftlichen Analysierens

1. Das elementare Niveau ist an die Situation und das Handeln einer bestimmten Person und an ihre Bedürfnisse gebunden. Die Welt wird von hier aus erschlossen (z. B. werden Politik und Staat personalisiert).
2. Auf einem mittleren Niveau werden die eigene Person und der soziale Nahraum im Zusammenhang von personenübergreifenden Regeln und Institutionen gesehen, die nicht nur unter dem eigenen Interesse assimiliert werden (z. B. wird der Sinn strafrechtlicher Regelungen für das gesellschaftliche Zusammenleben gedacht/geprüft).
3. Das höchste Niveau der Kompetenz erfasst systematische Zusammenhänge und ihre Beurteilung unter übergreifenden Kriterien bzw. (als Metakompetenz) die Fähigkeit zur Reflexion auf die Angemessenheit von Analyse und Urteil.

entnommen aus: Behrmann/Grammes/Reinhardt (2004, 338)

Diese drei Niveaus enthalten lerntheoretische Adaptionen der Entwicklungstheorien von Piaget und Kohlberg (vgl. Reinhardt 1997, 44-50; Fischer 2018, 130-144 u. 160-164). Sie können als unterschiedliche Modi des Begreifens und Beurteilens der sozialen Welt verstanden werden. Nach diesem Graduierungsmodell vollzieht sich kompetenzorientierte Lernentwicklung als Dezentrierung der sozialen Perspektive und Erreichen höherer Abstraktionsgrade im Weltverstehen. Mit Bezug auf Feuser lassen sie sich aber auch inklusionsdidaktisch ausdeuten. Um in seinem Bild des Baumes zu bleiben, kann jedes Niveau ein Zugang zum gemeinsamen Lerngegenstand sein und damit zu einem Zweig, an dem entlang ein Schüler oder eine Schülerin lernt. Während ein Jugendlicher ausschließlich an dem einen Zweig entlang lernt, verlassen andere Jugendliche in der Lerngruppe ihn und lernen an anderen Zweigen und Ästen entlang, weil ihnen das Erreichen eines anderen Niveaus zügiger gelingt oder weil sie von vornherein auf einem anderen Niveau ansetzen.

Friedemanns Auseinandersetzung mit der Inselgeschichte bewegt sich nach meiner Deutung auf einem *bedürfnis- und personenorientierten* Niveau. Es geht ihm um Sicherheit und die Frage, was gefährlich ist. Der Begriff „Terrorist" ist bei ihm mit Gefahr besetzt. Dieses Gefahrenbewusstsein entspricht der aktuellen politischen Wahrnehmung in der Gesellschaft. So sind viele Jugendliche in Deutschland und in anderen Ländern der EU der Meinung, dass der Kampf gegen Terrorismus eine wichtige Aufgabe der Politik ist (vgl. TUI Stiftung 2018, 24 u. 31-32). Friedemann operiert mit dem Begriff aber stereotyp. Wenn jemand als Terrorist bezeichnet wird, dann sollte er aus seiner Sicht eingesperrt werden, damit nichts passiert. Der Begriff „Terrorist" ist für ihn ein unhinterfragtes Signal- und Zuordnungswort. Im Vordergrund steht der Gedanke, dafür zu sorgen, dass keine Gefahr droht und alles sicher bleibt.

Die didaktische Herausforderung liegt aus meiner Sicht darin, a) diese Zugangsweise im Unterricht zu erkennen und ihr Raum zu geben und b) ihren Bereicherungsgehalt für den gemeinsamen Lernprozess im Unterricht deutlich zu machen. Friedemanns Gedanken lassen sich nämlich in den Kontext einer Frage einordnen, die für den Begriff der Demokratie sehr wohl relevant ist. Sie lautet: Ab wann sind Regierungsgegner und Regimekritiker als Gefahr einzustufen? Auch in einer Demokratie muss der Staat die öffentliche Sicherheit und die politische Ordnung schützen. Als eine *wehrhafte* Demokratie benötigt sie die Fähigkeit, sich gegen innere extremistische, demokratie- und staatsfeindliche sowie terroristische Bedrohungen zur Wehr setzen zu können (vgl. Zakrzewski 2013).

Ohne funktionierende Rechtsstaatlichkeit und Gewaltenkontrolle besteht gleichzeitig aber die Gefahr, dass die Meinungsfreiheit und die politische Opposition (oder Teile von ihr) unzulässig eingeschränkt werden. Die Begriffe „Terrorist", „Staatsfeind" oder „Verbrecher" können dann von der Regierung genutzt werden, um sich unliebsamer Gegner zu entledigen (vgl. Frankenberger 2018, 24-26). Die Frage, ob/wann jemand vor Gericht gestellt werden soll, der die Regierung oder das politische System kritisiert oder sogar die bestehende politische Ordnung überwinden möchte, ist für das Verständnis von Demokratie relevant, auch wenn man sie, so wie Friedemann, noch gar nicht mit den Merkmalen einer Demokratie in Verbindung bringt. Diese Frage berührt das für die Demokratie so wichtige Spannungsfeld von Sicherheit und Freiheit (vgl. Stratenschulte 2010; Zakrzewski 2013; Adamski 2016).

Die zuvor entwickelte Lesart, wonach Friedemanns Gedankengänge keinen Bezug zu den Überlegungen der anderen Lernenden haben, lässt sich damit nicht aufrechterhalten. Aus Sicht der vorliegenden Lesart stellen sich die problematischen Elemente des Unterrichts für die Inklusion stattdessen anders dar: Problematisch erscheint vor allem die Anforderung für alle Lernenden, eine Beurteilung darüber vorzunehmen, ob/inwieweit es sich bei der Insel um eine Demokratie handelt. Diese Anforderung überforderte Friedemann, weil er offenbar hierfür keine mentalen Deutungsmuster als Reflexionsmaßstab zur Verfügung hat und deshalb auch keine Demokratiedefinition nach Merkmalen entwickeln konnte. Diese Anforderungssituation liegt außerhalb seines *bedürfnis- und personenorientierten* Zugangs.

Und dennoch sind seine Überlegungen zum Umgang mit Kritikern im Kontext von „Sicherheit vs. Freiheit" relevant, um über Demokratie nachzudenken. Der Umgang mit möglichen inneren Bedrohungen in einer Demokratie und die Sorge um die Sicherheit hätten eine Bereicherung in der gemeinsamen Reflexion über den Demokratiebegriff innerhalb der Lerngruppe sein können. Diese Chance ist jedoch nicht genutzt wurden, weil sie in der Unterrichtssituation nicht erkannt wurde. Für Friedemann wäre es außerdem wertvoll gewesen, darüber nachzudenken, für welche Handlungen ein Regierungskritiker/Regimegegner verfolgt werden soll und für welche nicht. Ab wann kann man einen Menschen als „Terroristen“ bezeichnen und wann nicht? Friedemann hätte sich im Unterricht weiter mit dieser Frage beschäftigen können, während die anderen Lernenden an den Merkmalen einer Demokratie arbeiten, die dann Friedemann mit seinem Reflexionsimpuls „Sicherheit“ ergänzt. Das wäre eine Form binnendifferenzierten Arbeitens an einem gemeinsamen Gegenstand gewesen. Im Ergebnis lässt sich sagen, dass die Aufgabenstellung nicht offen genug war, um verschiedenen entwicklungsbedingten Denkweisen gerecht zu werden. Auf die Notwendigkeit, die Anforderungssituation und die Aufgabenstellung im inklusiven Unterricht möglichst offen zu gestalten, gehe ich tiefer in Kapitel 3.2 ein.

Daneben ist noch kritisch zu reflektieren, wie viele unterschiedliche Zugänge und Wahrnehmungsweisen die Analyse der Inselgeschichte überhaupt zulässt. Der Zugang ist ein maßgeblich analytisch-reflexiver. Um mehr Zugänge für unterschiedliche Wahrnehmungen zu geben, ließe sich die Inselgeschichte in mehrere Situationen aufgliedern, die jeweils in Kleingruppen szenisch ausgespielt werden, also zum Beispiel die Durchführung einer Wahl ohne politische Alternativen oder die Verhaftung und Verurteilung eines politisch Andersdenkenden. Auf diese Weise wären die Situationen nicht nur textbasiert, sondern anschaulich konkret. Ein möglicher auch sinnlich-emotionaler Zugang könnte dann in den folgenden Fragen liegen: „Welche Stimmungen traten in der nachgespielten Situation auf?“, „Wie haben sich die einzelnen Personen in der Situation gefühlt?“, „Findest du das gerecht?“, „Wollen wir so leben?“. Diese Fragen sind zugleich geeignet, um im Unterricht einen reflexiven Modus anzubahnen und umzusetzen. In diesen Szenen müssten nicht alle Lernenden mitspielen. Ein Teil der Lerngruppe könnte als Beobachter agieren.

3.2 Simone Seitz: Der Kern der Sache

Während Georg Feuser den Blick darauf richtet, wie sich der gemeinsame Lerngegenstand in seiner Struktur ausdifferenzieren lässt, nach welchen Zugängen er wie erfasst und bearbeitet werden kann, setzt Simone Seitz (2006) bei den unterschiedlichen Perspektiven der Kinder und Jugendlichen auf eine Sache und den aus ihnen hervorgehenden Konstruktionen an. Seitz fragt nach den Gemeinsamkeiten zwischen den perspektivengebundenen Konstruktionen. Im Zentrum von Seitz' inklusionsdidaktischem Ansatz stehen also die unterschiedlichen Perspektiven, die die Kinder und Jugendlichen mit in den Unterricht bringen (vgl. Seitz 2006, 5-6; Korff 2012, 146; Naugk u.a. 2016, 28). Sie betont, dass sich diese und die aus ihnen hervorgehenden Verstehensbemühungen nicht als normal oder unnormal, nicht-behindert oder behindert, angemessen oder unangemessen einordnen lassen (vgl. Seitz 2006, 5-6). Die unterschiedlichen Perspektiven seien vielmehr anzuerkennen, denn sie resultieren aus unterschiedlichen biografischen Erfahrungskontexten und Entwicklungswegen. Trotz ihrer Unterschiedlichkeit geht Seitz davon aus, dass sich in ihnen auch Ähnlichkeiten erkennen lassen. Nach diesen Ähnlichkeiten gilt es zu suchen, weil sie die Kinder und Jugendlichen in ihrem Lernen verbinden (vgl. Seitz 2006, 5-6).

Diese Verbindung entsteht nach Seitz dadurch, dass man Aspekte seiner eigenen Perspektive in der Perspektive des/der anderen gespiegelt wiederfindet, auch wenn sich das eigene Weltverstehen im Einzelnen ganz anders gestaltet. Simone Seitz spricht in diesem Zusammenhang von „selbstähnliche[n] Grundmuster[n]" (Seitz 2006, 7). In selbstähnlichen Grundmustern sind dabei „aber zugleich bei jedem Kind einzigartige, individuelle Ausformungen ihrer Konstruktionen zum Lernfeld anzunehmen, deren ‚Hintergrund' von individualbiografischen und entwicklungsbedingten Faktoren gebildet wird", so Seitz (2006, 7). Diese selbstähnlichen Strukturen bilden den „Kern der Sache" (Seitz 2006, 8). Der Kern der Sache liegt damit nicht einfach als Gegenstand vor, sondern resultiert aus den Perspektiven und perspektivengebundenen Konstruktionen innerhalb der Lerngruppe, die sich im Laufe des Unterrichts auch wandeln können (vgl. Korff 2012, 147; Naugk u. a. 2016, 29).

Bereits im Rahmen der Unterrichtsplanung sollte gefragt werden, worin der gemeinsame Kern der Sache bestehen könnten; im Unterricht ist dann auf diese selbstähnlichen Strukturen zu achten, um sie erkennen und herausstellen zu können (vgl. Seitz 2006, 8). Ferner ist zu überlegen, welche In-Bezug-Setzungen von Kinderperspektiven und Fachperspektiven sich anbahnen lassen.

Über den gemeinsamen Kern der Sache können sich dann ganz unterschiedliche Lernwege entwickeln, die sich aber – und das ist der Punkt – wechselseitig in Bezug setzen lassen, so dass individualisiertes Lernen am gemeinsamen Kern der Sache möglich wird.

Zur Deutung des Falles *Friedemann*

Wo sind selbstähnliche Strukturen im Fall *Friedemann* zu erkennen? Aus meiner Sicht liegen sie in der Beurteilung der politischen Verfasstheit der Inselrepublik. Die Lernenden haben die einzelnen politischen Faktoren des Staatswesens aus der Inselgeschichte beurteilt, wenn auch vor dem Hintergrund unterschiedlicher Reflexionshorizonte. Friedemanns Reflexionshorizont war die Beurteilung des Umgangs mit Menschen, die vom Staat als Terroristen bezeichnet werden, mit dem einseitigen Fokus auf Sicherheit; andere Lernende haben als Reflexionshorizont ihre Vorstellungen über den Begriff der Demokratie herangezogen. Der Kern der Sache wäre demnach die Analyse und Beurteilung des Staatswesens aus der Inselgeschichte. Damit lässt sich die folgende Lesart des Falles entwickeln: Friedemann hat am Kern der Sache gearbeitet. Der analysierende und beurteilende Blick auf das Staatswesen der Inselgeschichte war allen Lernenden gemeinsam, die Art und Weise, wie sie das Material analysieren und beurteilen – und vor allem vor welchen Reflexionshintergrund –, war aber individuell. Friedemann konnte dabei der für ihn persönlich wichtigen Frage folgen, was gefährlich ist und wo man aufpassen muss.

Gleichzeitig macht dieser Blick aber erneut auf ein problematisches Element der Unterrichtstruktur aufmerksam, nämlich darauf, dass sie stringent auf die Beurteilung der Frage, ob/inwieweit es sich bei der Inselrepublik um eine Demokratie handelt, und die Erarbeitung einer Demokratiedefinition nach Merkmalen orientiert ist. Die Beurteilungsperspektive der Inselgeschichte ist damit einseitig vorgefasst, was die Gedankengänge von Friedemann ausgrenzt beziehungsweise sie für den Unterricht zunächst als wenig zuträglich erscheinen lässt. Wie könnte das geändert werden?

Um selbstähnlichen Strukturen in den Lernenden-Perspektiven und damit dem Kern der Sache mehr Raum zu geben, wäre es aus meiner Sicht wichtig, die Auseinandersetzung mit der Inselgeschichte offener in der Analyse- und Beurteilungsperspektive zu strukturieren. Nach der Erschließung der Inselgeschichte aus einer Außenperspektive (Leitfragen: Worum geht es in der Geschichte? Was erfährt man über die politische Organisation der Insel?) und einer Innenperspektive (Leitfragen: Wie geht es den beteiligten Menschen? Welche Gedanken und Gefühle haben sie?) wäre im Sinne einer Urteilsbildung die folgende Leitfrage sinnvoll: „Was findest du an der Demokratischen Inselrepublik gut und was problematisch? Begründe." Hier könnte Friedemann ohne weiteres seine individuelle Sicht auf den Umgang mit vermeintlichen Terroristen unter dem Primat der Sicherheit einbringen, während andere beispielsweise die fehlenden politischen Auswahlmöglichkeiten, die Verfolgung von politisch Andersdenkenden, die fehlende Meinungs- und Pressefreiheit und die Machtkonzentration in der Inselrepublik kritisieren.

Diese Aufgabenstellung kommt dem Anspruch der „Adaptivität" nach (Hennies/Ritter 2014, 229). Die beiden Deutschdidaktiker Johannes Hennies und Michael Ritter verstehen hierunter, dass eine Aufgabenstellung auf unterschiedlichen entwicklungsbedingten Komplexitätsniveaus und damit aus verschiedenen Denkweisen heraus sinnvoll bearbeitet werden kann. Die Arbeitsergebnisse enthalten dann Differenzen in Bezug auf ihren Inhalt, ihre Komplexität und ihre Elaboriertheit. Die Aufgabenstellung folgt damit auch dem Anspruch „[f]lexible[r] Elaborierbarkeit“ (Hennies/Ritter 2014, 229). In ihrer Gesamtheit tragen die unterschiedlichen Arbeitsergebnisse zu einer mehrdimensionalen Erschließung und Beurteilung der Inselgeschichte bei.

Erst nach dem Zusammentragen der Arbeitsergebnisse aus den vorangegangenen Schritten und dem gemeinsamen Austausch über sie wäre der Bezug zum Begriff „Demokratie“ herzustellen. Die Frage, die am Ende der Inselgeschichte aufgeworfen wird, nämlich ob es sich bei der Inselrepublik um eine Demokratie handelt oder nicht, wäre hier aufzugreifen. Nach ersten Stellungnahmen seitens der Schülerinnen und Schüler hierzu würde die Erschließung einer vorgegebenen fachlichen Definition erfolgen (eventuell sogar auf verschiedenen Niveaus). Und danach käme die Anwendungsfrage: „Findest du, dass die Demokratische Inselrepublik eine echte Demokratie ist? Begründe deine Ansicht.“ Ob/wie Friedemann die letzte Anwendungsfrage umsetzen würde, kann ich hypothetisch nicht beantworten. Mit großer Wahrscheinlichkeit würde ihm diese Anwendung große Schwierigkeiten bereiten. Aber über die vorangegangene offenere Bearbeitung hätte er seine Perspektive bis zu diesem Zeitpunkt einbringen können. Möglicherweise würde ihm das eine Brücke bauen, um auch der Anwendung auf seine eigene Weise zu folgen.

Im Ergebnis lässt sich sagen, dass Simone Seitz’ Ansatz dafür sensibilisiert, die Bearbeitung des Lerngegenstandes didaktisch über Leitfragen so zu strukturieren, dass sich die Lernenden in die Art und Weise der Auseinandersetzung mit ihren jeweils unterschiedlichen Perspektiven einbringen können.

3.3 Hans Wocken: Gemeinsame Lernsituationen

Der Inklusionspädagoge und -didaktiker Hans Wocken trägt die Annahme, dass über gleiche Inhalte inklusive Lehr-Lern-Prozesse initiiert werden können, bei denen individuelle Lernwege und -ziele Berücksichtigung finden, ebenfalls mit. Er argumentiert jedoch, dass es nicht *ausschließlich* der gemeinsame Gegenstand ist, der eine gemeinschaftsstiftende und einschließende Wirkung entfaltet, sondern dass auch die Lernsituationen in diesem

Zusammenhang eine wichtige Rolle spielen (vgl. Wocken 2016, 61-62). Nach seinem Ansatz „müsste sich die Dialektik menschlicher Gleichheit und Verschiedenheit [auf der unterrichtlichen Ebene] in einer dynamischen Balance von differenzierenden und integrierenden Lernsituationen abbilden" (Wocken 2016, 62). Wocken betont, dass es im inklusiven Unterricht um die gemeinsame Förderung aller Kinder geht. Er spricht offen den daraus resultierenden „Balanceakt" zwischen Lernsituationen, die die Verwirklichung der individuellen Möglichkeiten eines jeden Schülers und einer jeden Schülerin versprechen, und solchen, die der sozialen Integration der Lerngruppe dienen, an (vgl. ebd.). Ziel müsse ein ausgewogenes Austarieren beider Seiten sein. Ausgehend von diesen Überlegungen unterscheidet Wocken vier Formen gemeinsamer Lernsituationen: *koexistente*, *kommunikative*, *subsidiäre* und *kooperative* Lernsituationen (vgl. Wocken 2016, 62-72).

Koexistente Lernsituationen sind Lernsituationen, in denen jeder Schüler und jede Schülerin sich mit einem Gegenstand beschäftigt und dabei seiner/ihrer eigenen individuellen Auseinandersetzung mit ihm folgt (vgl. Wocken 2016, 63-64). Die Beziehungen zu den anderen Lernenden spielen hier eine sekundäre Rolle. „Man partizipiert als mehr oder minder passiver Teilnehmer an einer gemeinsamen Situation", so Wocken (2016, 64). Das verbindende Element ist, dass alle in der gleichen Situation an einer Sache arbeiten und die Situation gemeinsam erleben.

„Während bei den koexistenten Lernsituationen die Sache, die Ziele der Einzelnen im Vordergrund und über den Interaktionen stehen, ist es bei den *kommunikativen Situationen* genau umgekehrt" (Wocken 2016, 65; Hervorhebung C.F.). Kommunikative Lernsituationen werden durch „Interaktion pur" bestimmt und die Sache rückt in den Hintergrund. Wocken betont, dass dieser Gesprächsaustausch aus inklusionspädagogischer Sicht dennoch wertvoll ist; seine Bedeutung aber bisher zu selten erkannt wird (vgl. Wocken 2016, 66-67).

Als *subsidiäre Lernsituationen* bezeichnet Wocken Unterrichtssituationen, in denen der Inhalts- und der Beziehungsaspekt zwischen den Interagierenden jeweils in ungleicher Gewichtung auftreten (vgl. Wocken 2016, 67-68). Bei dem einen Interaktionspartner überwiegt der soziale Beziehungsaspekt und bei dem anderen der Inhaltsaspekt. Wocken (2016, 68-69) unterscheidet hier unterstützende Lernsituationen (Weitergabe/Wiederholung von Informationen, die der andere nicht richtig erfasst hat) und prosoziale Lernsituationen (ein Lernender hilft dem anderen, damit er die inhaltliche Anforderung bewältigen kann).

Kooperative Lernsituationen zeichnen sich nach Wocken (2016, 70-72) durch die Gemeinsamkeit in der Sache und in ihrer Bearbeitung aus. Wenn zum Beispiel eine Schülerin einen Teilaspekt der gemeinsamen Sache erarbeitet hat und nun die Arbeitsergebnisse eines anderen Schülers benötigt, der sich mit einem anderen Teilaspekt der gemeinsamen Sache beschäftigt hat (und umgekehrt), dann liegt eine solche Lernsituation vor. Oder: Ein Lernender hat sich mit einer kontroversen Frage auseinandergesetzt und für seine Position Argumente gesammelt; um seine Argumente ausprobieren und ihre Wirkung überprüfen zu können, benötigt er einen Diskussionspartner, der eine andere Position vertritt, was dann ebenfalls einer kooperativen Lernsituation entspricht. Die einzelnen Lernenden können unterschiedliche Ziele verfolgen und sind dennoch aufeinander angewiesen, sie agieren in einem gemeinsamen Tätigkeitszusammenhang. Höhepunkte kooperativer Lernsituationen sind aus Wockens Sicht *solidarische Lernsituationen*, bei denen man nur gemeinsam weiterkommt. Jeder bringt das, was er kann, für das große gemeinsame Ziel ein, und interagiert dafür mit den anderen. Wocken macht aber deutlich:

> *„Solidarische Lernsituationen sind Sternstunden. […] Es ist […] verfehlt, eine didaktische Idealfigur als alltägliche Minimalnorm eines integrativen Unterrichts einzufordern.“ (Wocken 2016, 72)*

Wockens Überlegungen schaffen ein Bewusstsein dafür, dass sich inklusive Bildung auch über andere Lernsituationen umsetzen lässt.

Zur Deutung des Falles *Friedemann*

Bei kritischer Betrachtung scheint Friedemann bei der gemeinsamen Erschließung und Beurteilung der Inselgeschichte ausgeschlossen gewesen zu sein. Während die anderen in Kleingruppen miteinander kooperierten, arbeitete Friedemann ohne Gruppe. Er wurde unterstützt von einem Pädagogen und schließlich versuchte auch ich (zusätzlich) Reflexionsimpulse zu geben. Ein kommunikativer Austausch mit anderen Lernenden aus seiner Lerngruppe ergab sich nicht. Bezugnehmend auf meine vorangegangenen Lesarten des Falles aus Kapitel 3.1 und 3.2 sind Friedemanns Gedankengänge jedoch kein Ausdruck von Exklusion. Er arbeitete mit seiner eigenen Perspektive durchaus am gemeinsamen Gegenstand. Er analysierte wie die anderen die Inselgeschichte.

Das ändert allerdings nichts an der Tatsache, dass sich während seiner Bearbeitung keine Interaktionen mit anderen Mitschülerinnen und Mitschülern ergaben. Nach Wocken lässt sich diese Situation dennoch als *gemeinsame Lernsituation* deuten, nämlich als *koexistente Lernsituation*. Für Friedemann und die anderen Lernenden realisierte sich im Unterricht eine „raumzeitliche Gemeinsamkeit“ (Wocken 2016, 64). Die anderen Lernenden bearbeiteten wie Friedemann die Inselgeschichte, wenn auch in Kleingruppen, aber er konnte – so meine Lesart – „die Gewissheit ihrer Gegenwart und das Gefühl des Dabeiseins“ (Wocken 2016, 64) erleben. Wocken stellt heraus, dass diese Gefühle „nicht nur für Kleinkinder und Menschen mit schwersten Behinderungen von hoher Bedeutsamkeit“ sind, sondern für alle Menschen (Wocken 2016, 64).

Nach meiner Deutung des Falles ist aber die Chance, eine *kooperative* Lernsituation zu erreichen, verschenkt worden. Mit Blick auf meine vorangegangenen Deutungen hätte es diese durchaus geben können, wenn:

- die Auseinandersetzung mit der Inselgeschichte zunächst aus einer offeneren Analyse- und Beurteilungsperspektive heraus geführt worden wäre, in die Friedemann seine Gedanken über den Umgang mit Terroristen hätte einbringen können, und/oder

- diese Gedanken unter der übergeordneten Fragestellung des Umgangs mit Regierungs- und Staatsgegnern in einer Demokratie aufgegriffen und thematisiert worden wären.

Folglich zeigt sich die stringente Orientierung auf die Erarbeitung von Merkmalen einer Demokratie und ihrer Verdichtung zu einer Definition auch hier als ein problematisches Moment, das Möglichkeiten einer kooperativen und inklusiven Unterrichtsgestaltung verschenkt hat.

3.4 Annedore Prengel: Die didaktische Ebene der Inklusion

Die Erziehungswissenschaftlerin Annedore Prengel sieht in der didaktischen Ebene die „wesentliche Handlungsebene", über die Inklusion in der Praxis umgesetzt wird (Prengel 2015, 34). In ihrer Konzeption der didaktischen Ebene lassen sich zwei Schwerpunktsetzungen erkennen: die Gestaltung des Curriculums und die Gestaltung eines individualisierten Unterrichts (vgl. Prengel 2015, 37).

Für die Curriculumsgestaltung entwickelt sie die Idee, ein obligatorisches und ein fakultatives Curriculum miteinander zu kombinieren (vgl. Prengel 2015, 33-37). Das obligatorische Curriculum wird als verpflichtendes Kerncurriculum für alle Kinder und Jugendlichen pädagogisch vorgegeben. Es soll als Zielsetzung kulturelle Teilhabe ermöglichen. Prengel zufolge wäre es als „individualisierungsfähig[]" zu konzipieren, damit alle Schülerinnen und Schüler nach ihm lernen können. Das fakultative Curriculum bildet hingegen einen Freiraum, den die Kinder und Jugendlichen nach ihren spezifischen Interessen selbst ausfüllen können, zum Beispiel durch Freiarbeit oder die Teilnahme an Projekten (vgl. Prengel 2015, 33-35).

Mit Blick auf die Unterrichtsgestaltung hebt Prengel hervor, dass Arbeitsformen wie auch Methoden und Medien gewählt werden sollen, über die sich differenzierte Lehr-Lern-Prozesse umsetzen lassen (vgl. Prengel 2015, 37). Als „geeignete[] Arbeitsformen" nennt sie „Freiarbeit, Wochen- und Tagesplanarbeit, Stationenarbeit sowie verschiedene Formen von Projektarbeit und Kreisgespräche" (Prengel 2015, 37). Für Prengel ist dabei die lerndiagnostische Expertise der Pädagoginnen und Pädagogen von entscheidender Bedeutung. Ihr geht es um die Diagnose der individuellen Lernvoraussetzungen eines jeden Schülers und einer jeden Schülerin, um dann jeweils „individuell passende[] Angebote" auf der Methoden- und Materialebene für das Lernen zu machen (Prengel 2015, 37). Damit steht der Umgang mit Individualität und Heterogenität im Vordergrund. Aus Prengels Ansatz folgt eine lerndiagnostisch begründete Differenzierung von Methoden, Medien, Aufgaben und Lernzielen im Unterricht.

Zur Deutung des Falles *Friedemann*

Prengels Ansatz regt zunächst zum Nachdenken darüber an, ob die Auseinandersetzung mit der Demokratie als Staatsform Teil eines verbindlichen Politikunterrichts sein sollte. Bezieht man sich auf die kulturelle Teilhabe als Zielsetzung des obligatorischen Curriculums, dann ist diese Frage zu bejahen. Um sich in unserer politischen Lebenswelt orientieren und an ihr partizipieren zu können, ist es wichtig, eine Vorstellung von den Merkmalen einer Demokratie und den hinter ihr stehenden Leitideen auf der Ebene der Staatsform zu haben. Aus meiner Sicht kommt es im Sinne einer Förderung von *politischer Mündigkeit* und *Demokratiefähigkeit* ferner darauf an, das eigene Nachdenken über Demokratie – unabhängig davon, auf welchem kognitiven Niveau es ansetzt – zu üben, zu kultivieren und in einen Habitus zu überführen, der es als wertvoll einordnet und entsprechend entfaltet. Der Politikunterricht im Fall *Friedemann* hat sich dieser Zielsetzung verpflichtet gefühlt.

Aus der Perspektive von Prengels Ansatz heraus drängt sich in Bezug auf den Fall jedoch die Frage auf, ob das methodische Vorgehen und die Materialauswahl für Friedemann angemessen waren. Nimmt man die Lerndiagnostik als Ausgangspunkt der didaktischen Überlegungen, dann müsste der Unterricht für Friedemann mit seinem Förderschwerpunkt „geistige Entwicklung" vor allem auf Anschaulichkeit, Elementarisierung und aktuelle Lebensbedeutsamkeit orientiert sein (vgl. Häußler 2015, 23-25). Die hypothetische Inselgeschichte ist vergleichsweise abstrakt und Friedemann fragte sich, wie er sie einordnen soll. Und der

Text der Inselgeschichte ist lang; wie bereits erwähnt brauchte Friedemann deutlich länger als die anderen Lernenden, um den Text zu lesen. Zwar habe ich die Inselgeschichte zunächst selbst vorgetragen und mit Bildern unterlegt, dennoch ließen sich damit die Schwierigkeiten für Friedemann nicht beseitigen. Aus dieser Perspektive lässt sich eine Lesart des Falles entwickeln, nach der die Methoden- und Materialauswahl für einen inklusiven Politikunterricht wenig förderlich waren.

Doch was wäre die Alternative? Man hätte Friedemann ein anderes Lernangebot zum Thema *Demokratie* bieten können, zum Beispiel einen Sachtext in leichter Sprache, in dem er die Merkmale einer Demokratie herausarbeitet. Meiner Ansicht nach wären in diesem Vorgehen aber neue Probleme angelegt, die ich im Folgenden reflektieren möchte.

Die Frage, die sich stellt, lautet, ob Friedemann überhaupt eine andere Methode und ein anderes Material gewollt hätte. In einer der vorausgegangenen Sozialkunde-Unterrichtsreihen hatte ich für Friedemann einmal ein Extra-Material vorbereitet, das er aber ablehnte. Er wollte ausdrücklich eines der Materialien haben, die auch die anderen Mitglieder der Lerngruppe bearbeiteten.

Daneben ist zu bedenken, dass die Inselgeschichte in der Lerngruppe einen Sog entfaltet. Die problematische politische Verfasstheit der Inselrepublik verwickelte die Lernenden in eine intensive Auseinandersetzung mit ihr und regte sie zum Nachdenken über den Begriff der Demokratie an. Wenn alle anderen weiter an der Inselgeschichte arbeiten, aber Friedemann nur einen Sachtext über den Demokratiebegriff erhält, dann wäre das ein Verlust an gegenständlicher Gemeinsamkeit und auch ein Verlust an gemeinsamer Erlebnisqualität.

Zudem ließe sich kritisch fragen, welche Fähigkeiten bei Friedemann gefördert werden, wenn er ohne Problemorientierung die Merkmale der Demokratie aus einem Sachtext in leichter Sprache herausarbeitet. Den Modus eines problemorientierten Nachdenkens über politische Strukturen würde man damit nicht fördern. Man könnte aber eine Kombination vornehmen: Friedemann beschäftigt sich mit der Inselgeschichte, erschließt sich dann über den Sachtext in leichter Sprache den Begriff der Demokratie und überlegt im Anschluss, ob er Merkmale der Demokratie in der Inselgeschichte findet und wo gegen sie verstoßen wird. Dieses Vorgehen ließe sich auch für alle Lernenden umsetzen. Insgesamt sehe ich auch einen Impuls für die Weiterentwicklung der Unterrichtsreihe darin, die Inselgeschichte für alle Lernenden zu kürzen.

Um allen ein möglichst individualisiertes Lernen zu ermöglichen, wäre auch noch ein anderes Vorgehen möglich, dass ich hier kurz skizzieren möchte: *Im Unterricht wird auf die Inselgeschichte verzichtet; alle Schülerinnen und Schüler erhalten einen Sachtext über den Begriff der Demokratie zur Bearbeitung, wobei dieser Sachtext in drei verschiedenen Schwierigkeitsniveaus vorliegt. Um zu vermeiden, dass die Schülerinnen und Schüler mit Lernschwierigkeiten bei der Präsentation der Arbeitsergebnisse von denjenigen Lernenden mit einem höheren Leistungsniveau, die einen inhaltlich komplexeren Sachtext bearbeitet haben, überfordert oder inhaltlich ausgegrenzt werden, und um die unterschiedlichen Arbeitsgeschwindigkeiten zu berücksichtigen, könnte man auf die gemeinsame Ergebnispräsentation verzichten. Auf der Rückseite eines jeden Sachtextes wäre dann eine Ergebnisübersicht abgedruckt, so dass jeder/jede Lernende in die Lage versetzt wird, seine/ihre Ergebnisse aus der Textarbeit selbst zu überprüfen.*

Ich skizziere diese Möglichkeit bewusst überspitzt, um auf die Probleme einer einseitigen Individualisierung hinzuweisen. Denn aus ihr würde folgen, dass es keine gemeinsame Unterrichtskommunikation, keine Aus- und Verhandlung unterschiedlicher politischer Bedeutungsgehalte, keine politischen Kontroversen und keine problemorientierten Reflexionen mehr gäbe, was mit dem Wesen eines guten Politikunterrichts schlichtweg nicht vereinbar ist (vgl. Autorengruppe Fachdidaktik 2016, 13-21 u. 132-147). Das hier skizzierte Vorgehen entspräche einer stupiden Textarbeit, bei der eine Orientierung an politikdidaktischen Unterrichtsprinzipien, Methoden und Verfahren aufgegeben wird. Ein solcher Politikunterricht würde einen Verlust an Unterrichtsqualität und an politischen Lernchancen für alle bedeuten!

Bei der hier skizzierten Möglichkeit stellt sich außerdem die Schwierigkeit, welchen Lernenden welche Texte in welchem

Schwierigkeitsgrad zugeordnet werden sollen. Die Zuordnung des mittleren oder des einfachen Niveaus kann durchaus stigmatisierend wirken und Unterschiede festschreiben, die man eigentlichen im Rahmen von Inklusion überwinden möchte (siehe auch die Überlegungen von Zurstrassen 2015b, 130-131).

4. EIN ZWEITER AUSSCHNITT AUS DEM FALL *FRIEDEMANN*

Während in der vorangegangenen Fallarbeit die unterschiedlichen didaktischen Ansätze jeweils separat vorgestellt und zur Deutung des Falles herangezogen wurden, möchte ich im vorliegenden Kapitel einen zweiten Ausschnitt aus dem Fall *Friedemann* präsentieren, für dessen Deutung die Ansätze nun integriert zur Anwendung kommen sollen. Damit ergibt sich die Möglichkeit, ihr Reflexionspotential in Hinblick auf Inklusion im Politikunterricht erneut zu erproben.

4.1 Beschreibung des Ausschnitts

Nach Teil 2 der Unterrichtsreihe, der Juniorwahl, folgte Teil 3 „Die Gründung eigener Parteien". Das besondere Augenmerk lag dabei auf der Erschließung der Artikulations- und Bündelungsfunktion sowie der Meinungs- und Willensbildungsfunktion von Parteien. Der Unterricht sah vor, dass die Lernenden in einer Doppelstunde die Möglichkeit erhalten, ihre eigenen „Parteien" zu gründen. Einige Jugendliche hatten bei der Juniorwahl geäußert, dass es ihnen sehr schwer fiele, sich für eine Partei (mit ihrer Zweitstimme) zu entscheiden. Schließlich müssten sie eine Partei wählen, von der sie nicht absolut überzeugt seien. Diesen Impuls griff ich auf, um die Lernenden für die Gründung eigener Parteien zu motivieren. Damit verband sich zugleich die didaktische Intention, die Artikulations- und Bündelungsfunktion von Parteien vereinfacht erfahrbar zu machen. Die Aufgabenstellung lautete wie folgt:

Aufgabenstellung

Gründet eure eigene Partei und entwickelt ein Kurzwahlprogramm.

Geht dabei folgendermaßen vor:

1. Schließt euch mit Gleichgesinnten zusammen (im Zweifel könnt ihr die Gruppe auch wieder verlassen).
2. Findet einen Namen für eure Partei.
3. Haltet eure politischen Ziele in einem Kurzwahlprogramm fest (großes Papierblatt). Entwerft ein passendes Logo und einen Leitspruch für eure Partei.
4. Präsentiert euer Kurzwahlprogramm.

Friedemann war zunächst nicht von der Idee begeistert. Er äußerte mimisch und gestisch Unmut. Auch artikulierte er, dass er keine Lust habe. Ich erinnerte mich, dass Friedemann im Rahmen der vorangegangenen Juniorwahl gezielt in den Wahlprogrammen der Parteien nach Positionen zu Jugendlichen und zur Förderung von Musik gesucht hatte, weil er musikalisch sehr interessiert ist. Ich sagte ihm daher, dass er ja eine Partei zur Förderung von Musik und für Jugendliche gründen könne. Dieser Vorschlag fand sofort sein Interesse. Er suchte sich keine anderen Mitschüler für seine Gruppe, sondern begann gleich mit der Arbeit. Er gründete die „Rockmusik Partei" und entwickelte die politischen Positionen seiner Partei. Dabei wurde er unterstützt von einem Pädagogen. Friedemann nahm die Aufgabe sehr ernst. Am Ende der Stunde präsentierte er stolz sein Arbeitsergebnis. Er trug die politischen Ziele der „Rockmusik Partei" vor und präsentierte sein gestaltetes Kurzwahlprogramm. Die anderen Gruppen, die ihre Arbeitsergebnisse ebenfalls am Ende der Doppelstunde präsentierten, hörten ihm aufmerksam zu. Weil sein Kurzwahlprogramm noch nicht ganz fertig gestaltet worden war – es entsprach noch nicht dem ästhetischen Stand, den sich Friedemann wünschte –, stellten der Pädagoge und ich ihm frei, ob er in Teil 4 der Unterrichtsreihe an der Vorbereitung und Durchführung des Streitgesprächs zur Aussage *„Unsere Demokratie ist nicht demokratisch genug! Wir brauchen direktdemokratische Volksabstimmungen!"* teilnimmt oder sein Kurzwahlprogramm fertig gestaltet. Friedemann entschied sich für die Fertigstellung seines Kurzwahlprogramms. Er nahm am Streitgespräch damit nicht teil. Friedemanns Kurzwahlprogramm ist nachfolgend abgebildet.

Friedemanns Kurzwahlprogramm

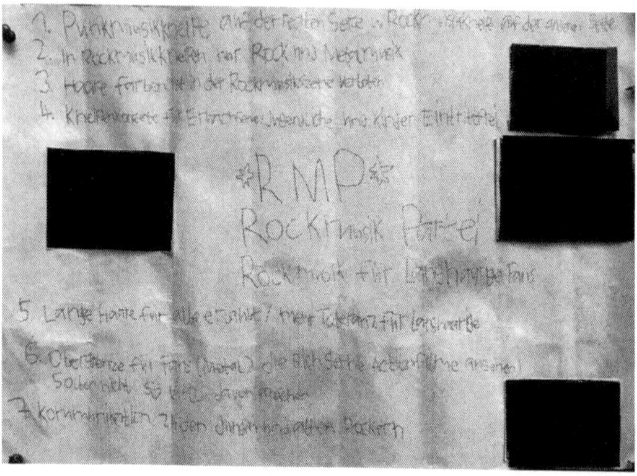

Transkription

1. Punkmusikkneipe auf der rechten Seite und Rockmusikkneipe auf der anderen Seite
2. in Rockmusikkneipen nur Rock- und Metalmusik
3. Haare färben in der Rockmusikszene verboten
4. Kneipenkonzerte für Erwachsene/Jugendliche und Kinder Eintritt frei

RMP

Rockmusik Partei

Rockmusik für langhaarige Fans

5. lange Haare für alle erlaubt/mehr Toleranz für Langhaarige
6. Obergrenze für Fans (Metal), die sich gerne Actionfilme ansehen, sollen nicht so viel davon ansehen [Friedemanns mündliche Begründung hierzu: „weil die das verrückt macht"; Anm. C.F.]
7. Kommunikation zwischen den jungen und alten Rockern

* Die aufgeklebten Fotos von Rockmusikern wurden aus Copyrightgründen geschwärzt.

Neben Friedemann hatten auch zwei andere Schülerinnen allein eine „Partei“ gegründet. Die übrigen Lernenden hatten jedoch in Gruppen gearbeitet. Es gab Parteien, die Vorschläge für die Gestaltung von Steuern, für Rauchverbot auf Spielplätzen, für E-Mobilität und demokratische Beteiligungsmöglichkeiten machten. Daneben wurde aber auch eine „Spaß-Partei“ gegründet.

4.2 Zur Deutung des zweiten Ausschnitts

Aus fachwissenschaftlicher Perspektive begründet sich dieser Teil der Unterrichtsreihe mit der wichtigen Bedeutung, die Parteien in unserer repräsentativen Demokratie spielen. Parteien sind Klammern zwischen Staat und Gesellschaft. Ihre Funktion besteht unter anderem darin, verschiedene politische Interessen aus der Gesellschaft zu bündeln und sie politisch zu artikulieren (vgl. Poguntke 2005, 628; Alemann 2010, 217-218). Die politikdidaktische Intention dieses Teils der Unterrichtsreihe bestand darin, den Schülerinnen und Schülern über die Gründung ihrer eigenen Parteien diese Bündelungs- und Artikulationsfunktion bewusst zu machen. Das methodische Vorgehen folgte einem simulativ-handlungsorientierten Ansatz (vgl. Fischer 2018, 104-106; Grammes 1997, 19-21).

Es handelte sich um ein „So-als-ob-Handeln“ unter stark vereinfachten Bedingungen, denn es wurden ja keine „echten“ Parteien gegründet. Der rechtliche Weg einer Parteiengründung fand in dem Vorgehen keine Beachtung. Der Fokus war anders gelagert: Im Rahmen der simulierten Parteiengründungen sollten die Lernenden eine Vorstellung darüber entwickeln können, wie politisch Gleichgesinnte in Parteien zusammentreffen und ein politisches Programm entwerfen. Das setzt voraus, dass die als Parteigründerinnen und -gründer agierenden Jugendlichen ihre Position zu den Themen, die sie beschäftigen, bestimmen, Gleichgesinnte suchen, ihre Positionen miteinander verhandeln und zu einem gemeinsamen „Parteiprogramm“ verdichten. Es ging auch darum, zu erleben und anschließend zu reflektieren, dass sich die individuellen Haltungen der „Parteimitglieder“ zu einzelnen Fragen trotz einer gemeinsamen Parteiposition voneinander unterscheiden können.

Weil Friedemann jedoch, wie zwei andere Lernende auch, allein arbeitete, war für ihn die Bündelungsfunktion sowie der Abgleich mit den Positionen gleichgesinnter „Parteigründer“, ihre Verdichtung zu gemeinsamen „Parteipositionen“ und die damit verbundenen Schwierigkeiten gar nicht erfahrbar, was im Ergebnis einen Verlust an Erkenntnispotential bedeutete. Aus inklusionsdidaktischer Sicht ist das ebenfalls problematisch, denn Friedemann war damit während der „Parteigründung“ nicht in Austauschprozesse mit seinen Mitschülerinnen und Mitschülern involviert.

Die Frage, die sich damit stellt, lautet, inwieweit man bei diesem Verlauf überhaupt von einem inklusiven Unterricht sprechen kann. Und welchen Beitrag hat dieses Vorgehen zum politischen Lernen bei Friedemann geleistet? Hier kann der Bezug auf Simone Seitz’ Ansatz weiterhelfen. Die Anforderungssituation erforderte fünf Tätigkeiten: 1.) das Artikulieren von politischen Interessen, 2.) das Suchen nach Gleichgesinnten, 3.) das Zusammenschließen zu einer „Partei“, 4.) das Abgleichen und Verhandeln der Interessen mit anderen in dieser „Partei“ sowie 5.) das Zusammenführen der Interessen in ein Kurzwahlprogramm. Unabhängig von der inhaltlichen Ausprägung und politischen Richtung der Interessen können hier bei allen Lernenden selbstähnliche Strukturen angenommen werden, die sich in der Perspektive auf die Fragen „Was wünsche ich mir politisch?“ und „Wie kann ich meine politischen Wünsche und Interessen in das Kurzwahlprogramm einbringen?“ umreißen lassen. Auch wenn Friedemann nicht nach politisch Gleichgesinnten gesucht und folglich auch keinen Abgleich mit anderen vorgenommen hat, so hat er dennoch seine politischen Wünsche und Interessen artikuliert und ein Kurzwahlprogramm für seine „Partei“ entwickelt. Insofern hat er mit einigen Abstrichen am gemeinsamen Kern der Sache gearbeitet. Das Artikulieren eigener politischer Wünsche besitzt dabei eine basale Bedeutung für die Entwicklung politischer Mündigkeit.

Zuerst stieß die Anforderung, selbst eine Partei zu gründen, bei Friedemann auf Ablehnung. Ich vermute, dass er die Vorstellung hatte, nun „echte“ Parteien „kopieren“ zu sollen und ein Programm über Wirtschafts-, Steuer- und Familienpolitik entwickeln zu müssen. Friedemann hatte sich im Rahmen der Juniorwahl mit verschiedenen Parteiprogrammen beschäftigt und fand sie sehr schwer verständlich. Er war der Anforderungssituation dann aber umgehend zugewandt, nachdem ich ihm einen Zugang vorschlug, der seinen Interessen entsprach, nämlich eine Partei zu gründen, die sich der Förderung von Musik und Jugendlichen widmet. Dieser Vorschlag resultierte aus meinen Beobachtungen von Friedemanns Lernen in den vorangegangenen Unterrichtsteilen und aus meiner Kenntnis seiner Interessen. Unter Bezug auf Annedore Prengel (2015, 37) lässt sich damit sagen, dass die Anforderungssituation auf seine Lernvoraussetzungen zugeschnitten wurde.

Das Lernangebot richtet sich ferner – hier beziehe ich mich auf den Ansatz von Georg Feuser – auch an einem gemeinsamen Gegenstand aus, nämlich an der simulierten Gründung von „Parteien“ mit der Entwicklung von „Parteiprogrammen“. Die Arbeit am gemeinsamen Gegenstand konnte dabei über ganz unterschiedliche entwicklungslogische Zugänge bearbeitet werden. Während einige Lernende in ihren „Parteiprogrammen“ einer *institutionellen* Gestaltungsperspektive folgten und Vorschläge zur Umverteilung entwickelten, artikulierte Friedemann Gestaltungsvorschläge wie „Punkmusikkneipe auf der rechten Seite und Rockmusikkneipe auf der anderen Seite [der Straße, Anm. C.F.]“, „Haare färben in der Rockmusikszene verboten“, „Kneipenkonzerte für Erwachsene/Jugendliche und Kinder Eintritt frei“. Hier artikuliert sich das *nahräumliche, personenbezogene* Niveau seines politischen Denkens. Es sind Wünsche und Interessen, die unmittelbar seinen eigenen Bedürfnissen und seiner nahräumlichen Lebens- und Interessenwelt entsprechen. Das heißt: Trotz unterschiedlicher Denk- und Wahrnehmungsweisen wird hier Gemeinsamkeit auf thematischer Ebene ermöglicht. Die Aufgabenstellung kam insofern dem Anspruch der „Adaptivität“ und der „flexiblen Elaborierbarkeit“ nach (vgl. Hennies/Ritter 2014, 229). Die Anforderungssituation offerierte außerdem noch einen ästhetischen Zugang, den Friedemann über die Ausgestaltung seines Kurzprogramms mit Bildern nutzte.

Ich möchte davor warnen, Friedemanns politische Forderungen als nicht verwertbar für gemeinsames politisches Lernen einzustufen. Friedemann erweiterte mit seinem Beitrag das Spektrum an politischen Wünschen und Forderungen in der Lerngruppe. Im Ergebnis wird damit auch für die anderen Lernenden deutlich, dass es Menschen in unserer Gesellschaft gibt, deren politisches Denken sich nicht auf Fragen der Umverteilung und der Steuerreform bezieht, sondern auf die konkrete, lebenspraktische Gestaltung ihres Nahraums, und dass die politischen Forderungen einiger Menschen sich nicht in die gängigen Politikkonzepte und -ideen einordnen lassen. In der Bandbreite der gegründeten „Parteien" und ihrer Forderungen im Unterricht bildete sich also die gesellschaftliche Realität ab. Außerdem geben Friedemanns Forderungen einen guten Impuls, um darüber nachzudenken, wie weit Politik die Lebensbereiche der Menschen gestalten sollte. Soll sie wirklich festlegen, wo Musikkneipen in Abhängigkeit von ihrem Musikgeschmack eröffnet werden dürfen? Soll sie wirklich Vorgaben zum Haarefärben machen? Diese Fragen würden für Friedemann wertvolle Lernchancen enthalten; das trifft auch auf die anderen Lernenden zu, wenn es darum geht, die Grenzen des privaten Lebensbereiches zu definieren, in den die Politik nicht eingreifen sollte (vgl. Fischer/Thormann 2016, 123-124). Diese Impulse wurden im Unterricht leider nicht genutzt. Sie könnten aber zu einem späteren Zeitpunkt wieder aufgegriffen werden.

Auf der einen Seite erweiterte Friedemann mit der Spezifik seines politischen Denkens den gemeinsamen Unterricht, weil wie soeben erläutert hierdurch das gesellschaftliche Spektrum politischer Wünsche realistischer abgebildet wurde; auf der anderen Seite trug diese Spezifik in der vorliegenden Unterrichtssituation aber auch mit dazu bei, dass er allein und nicht in einer Gruppe arbeitete. Hätte hier mehr Zeit zur Verfügung gestanden, hätte man Friedemann noch die Möglichkeit geben können, Mitglieder aus anderen Parteien abzuwerben, die sich dann in die Programmarbeit seiner Partei einbringen; das hätte dann selbstverständlich auch für die anderen „Parteien" möglich sein müssen. Dennoch gilt auch hier unter Bezug auf Wocken (2016, 64): Friedemann war in dieser koexistenten Lernsituation Teil des gemeinsamen Erlebniszusammenhangs in der Lerngruppe.

Die Tatsache, dass Friedemann in Teil 4 der Unterrichtsreihe dann an seinem Kurzwahlprogramm weiterarbeitete und nicht am Streitgespräch *„Unsere Demokratie ist nicht demokratisch genug! Wir brauchen direktdemokratische Volksabstimmungen!"* teilnahm, möchte ich noch kurz reflektieren: Das Streitgespräch ist ein Kontroversverfahren, das hier eingesetzt wurde, um über die weitere Ausgestaltung unserer Demokratie nachzudenken. Um politische Mündigkeit zu fördern, ist die politische Ordnung als ausgestaltbar darzustellen und zu diskutieren (vgl. Massing 2014, 296; Deichmann 2013, 87-88; Fischer 2012, 256-257). Im Streitgespräch wurde die Einführung direktdemokratischer Volksabstimmungen auf Bundesebene mit Blick auf ihre Chancen und Gefahren für die Demokratie diskutiert. Das Streitgespräch strukturiert die Diskussion durch die Einteilung der Lerngruppe in ein Pro- und ein Kontra-Lager (Gänger 2007, 127). Die Lernenden machten sich mit Hilfe von Informationstexten argumentationstüchtig. Die Diskussion wurde dann von Diskutanten ausgetragen, die jeweils aus den beiden Lagern bestimmt wurden, und von einem Moderator geleitet. In der anschließenden Reflexionsphase erzählten die Diskutanten zunächst, wie sie das Streitgespräch erlebt hatten, anschließend wurden die Qualität der Diskussion sowie die einzelnen Argumente ausgewertet. Zum Abschluss positionierte sich jede/-r Lernende persönlich (ohne Lagerbindung) schriftlich in einem Reflexionstext.

Für das politische Lernen hielt dieses Streitgespräch viele Lernchancen bereit. Es ermöglichte das gestaltungsorientierte Nachdenken über unsere Demokratie, das Üben des Diskutierens und des begründeten Positionierens (Gänger 2007, 126-127). Damit bot es die Chance, die Konfliktfähigkeit und die politisch-moralische Urteilsbildung zu fördern.

Die Tatsache, dass Friedemann auch nach der Präsentation der gegründeten „Parteien" und der Auswertung der „Parteiengründung" an seinem Kurzwahlprogramm weiterarbeitete und nicht am Streitgespräch teilnahm, könnte man als Moment einer nicht-gelingenden Inklusion deuten. Gleichzeitig ist hierbei aber zu bedenken, dass das Streitgespräch einem *institutionellen* bis *systemischen* Anforderungsniveau folgte; es ging um die Ausgestaltung unserer Demokratie auf Bundesebene.

Die Diskussion dieser Gestaltungsfrage ist für Friedemann sehr abstrakt und entspricht nicht seinem Zugang zur Politik. Welche Konsequenz ist hieraus zu ziehen? Hätte Friedemanns Teilnahme am Streitgespräch dennoch eingefordert werden sollen? Oder hätte auf das Streitgespräch verzichtet werden sollen, weil es *nicht* Friedemanns Lernbedürfnissen entspricht und damit eben *nicht* für *alle* Lerngruppenmitglieder geeignet ist?

Beide Fragen würde ich verneinen. Auf das Streitgespräch hätte aufgrund seiner Lernchancen in dieser Unterrichtsreihe keinesfalls verzichtet werden sollen. Die didaktischen Potentiale, die dieses Kontroversverfahren für das politische Lernen hier bietet, sind nicht ohne weiteres durch ein anderes methodisches Vorgehen zu ersetzen. Gleichzeitig war es sinnvoll, ihm die Teilnahme freizustellen, anstatt sie konsequent einzufordern. Man muss berücksichtigen, dass ihm die Gestaltung seines Kurzwahlprogramms sehr wichtig war. Deshalb entschied er sich ja auch dafür, an ihm weiterzuarbeiten, vor allem an der visuellen Gestaltung. In Anlehnung an Wocken ist es auch in einem inklusiven Unterricht nicht erforderlich, dass alle ständig an der gleichen Sache arbeiten (vgl. Wocken 2018, 59-60). Begrenzte – vor allem sich sachlogisch ergebende – Trennungen des Arbeitszusammenhangs können durchaus angebracht sein, solange daraus keine systematische Separierung erfolgt. Ich halte es grundsätzlich für wichtig, dass Friedemann das Streitgespräch als methodisches Verfahren kennt, aber er muss nicht konsequent an jedem Streitgespräch teilnehmen. In diesem Zusammenhang ist die Information wichtig, dass Friedemann das Streitgespräch als methodisches Verfahren bereits aus dem Politik- und Geschichtsunterricht kannte und sogar schon als Diskutant an einem Streitgespräch (zur Aussage: „‚Auf in den Kampf!?‘ – Soll Deutschland gegen den ‚Islamischen Staat‘ in den Krieg ziehen?“) im Rahmen einer anderen Unterrichtsreihe teilgenommen hatte.

Dennoch bin ich mir bewusst darüber, dass diese Entscheidung aus inklusionsdidaktischer Sicht kritisch gesehen werden kann.

Bei der Kritik wäre aber konkret aufzuzeigen und in der Praxis zu erproben, wie sich ein alternatives methodisches Vorgehen für alle umsetzen lässt, das die gleichen Lernchancen wie das Streitgespräch – also: kritisch-gestaltungsorientiertes Reflektieren über unsere Demokratie, Förderung der Konfliktfähigkeit und der politisch-moralischen Urteilsbildung – bietet.

5. SCHLUSSBETRACHTUNG

Welche Erkenntnisse lassen sich abschließend aus der Arbeit am Fall *Friedemann* herauskristallisieren? Eine wesentliche Schlussfolgerung lautet zunächst, dass inklusiver Politikunterricht auch weiterhin den Bezug auf fachdidaktische Wissensbestände benötigt, um die Relevanz seines Gegenstandes zu begründen, sein methodisches Vorgehen überlegt zu entwickeln sowie politisches Lehren und Lernen zu reflektieren. Die politikdidaktischen Theoriebestände sollten aber um allgemein-inklusionsdidaktische Ansätze ergänzt werden. Sie ermöglichen es, erweiterte Lesarten bei der Reflexion von Situationen und Fällen aus der Unterrichtspraxis zu entwickeln. Zugleich profitiert von einer solchen Ergänzung die (Weiter-)Entwicklung von politischen Lehr-Lern-Arrangements, die einem inklusiven Anspruch folgen. Aus meiner Sicht sensibilisieren die inklusionsdidaktischen Ansätze auch für eine inklusionsorientierte Auslegung politikdidaktischer Theoriebestände; sie öffnen den Blick für Überschneidungen und Anschlussstellen.

Übersicht 3: Ausgewählte inklusionsdidaktische Ansätze mit Leitfragen für den Unterricht (eigene Darstellung)

Ansatz	Leitfragen für den Unterricht
Georg Feuser: ***Lernen am gemeinsamen Gegenstand***	• Aus welchen entwicklungsbedingten Denk- und Wahrnehmungsweisen kann der Gegenstand erschlossen werden/wird er von unterschiedlichen Lernenden erschlossen? • Inwiefern können spezifische Zugänge den gemeinsamen Lernprozess im Unterricht bereichern? • Welche unterschiedlichen Zugänge lässt die vorgesehene methodische Erschließung des Gegenstandes im Unterricht überhaupt zu?
Simone Seitz: ***Der Kern der Sache***	• Welche Gemeinsamkeiten bestehen zwischen den perspektivengebundenen Konstruktionen der Lernenden? • Wo treten „selbstähnliche Strukturen“ auf? Was ist der Kern der Sache? Hinweis: Der Kern der Sache wird hier verstanden als die gemeinsame Schnittmenge der unterschiedlichen Perspektiven der Lernenden. • Wie lässt sich die Analyse- und Beurteilungsperspektive im Unterricht möglichst offen gestalten? Wie kann das Entdecken selbstähnlicher Strukturen durch offene Aufgabenstellungen unterstützt werden? • Wie kann eine Aufgabenstellung so formuliert werden, dass sie aus unterschiedlichen entwicklungsbedingten Sicht- und Denkweisen bearbeitet werden kann?
Hans Wocken: ***Gemeinsame Lernsituationen***	• Wie lassen sich integrierende und differenzierende Lernsituationen gestalten? • Inwieweit fördert die soziale Lernsituation das individuelle und das gemeinsame Lernen? • Wo gibt es in der sozialen Lernsituation Momente der Gemeinsamkeit? Wo gibt es Momente des Ausschlusses?

→

Ansatz	Leitfragen für den Unterricht
Annedore Prengel: ***Die didaktische Ebene der Inklusion***	• Welche Inhalte sollten Gegenstand eines obligatorischen und welche eines fakultativen Curriculums sein? • Wie lässt sich der Unterricht individualisiert auf lerndiagnostischer Grundlage gestalten? ➢ Aber Vorsicht: Problemtendenz der einseitigen Individualisierung („Individualisierungsfalle")!

Darüber hinaus verdeutlicht der Fall *Friedemann*, dass inklusiver Unterricht je nach Lesart jeweils *unterschiedliche* Chancen, Spannungen und Kritikpunkte aufweist. Das liegt unter anderem daran, dass es sich bei inklusivem Unterricht (wie auch bei Unterricht im Allgemeinen) um ein spannungsreiches Unterfangen handelt. Über Inklusion in der Unterrichtspraxis sollte deshalb *komplex* und *abwägend* nachgedacht werden. Das macht das Unterfangen herausfordernd und zugleich spannend. Vorsichtig sollte man hingegen gegenüber monoparadigmatischen und verabsolutierenden Deutungen und Postulaten sein/werden.

Der Fall *Friedemann* macht außerdem auf die Herausforderungen, die sich in einem inklusiven Politikunterricht stellen, aufmerksam: Es besteht zum einen die Herausforderung, Themen, Methoden, Verfahren und Aufgabenstellungen so zu gestalten, dass ...

a) sie politische Mündigkeit für alle Lernenden fördern,
b) sie einen gemeinsamen Rahmen für die Lerngruppe bilden und
c) zugleich die Möglichkeit individueller Zugänge für die Bearbeitung unter Berücksichtigung eines sehr breiten Spektrums von Lernvoraussetzungen bieten.

Im Unterricht können auf diese Weise unterschiedliche Wege, Schwerpunktsetzungen und Ziele seitens der Schülerinnen und Schüler im gemeinsamen Unterrichtsrahmen verfolgt werden. Diese Aussage trifft zwar auch auf Politikunterricht im Allgemeinen zu, die Bandbreite der entwicklungsbedingten Zugänge, Denk- und Arbeitsweisen ist im inklusiven Unterricht aber viel größer. Nach meiner Erfahrung lassen sich die unterschiedlichen Wege und Erkenntnisse nicht immer vorher präzise planen, sondern werden erst im Laufe des Unterrichtsgeschehens erkennbar. Der analysierte Fall zeigt, dass Gedankengänge und Arbeitsergebnisse von Friedemann zunächst als wenig passend/verwertbar für den gemeinsamen Arbeitsprozess erschienen, dass sie bei näherer Betrachtung aber bereichernde Impulse für die gemeinsame Auseinandersetzung mit der Sache bereitgehalten hätten. Diese Impulse zu erkennen und für die gesamte Lerngruppe bildungswirksam zu machen, erscheint mir als eine der größten Herausforderungen, weil man als Lehrkraft im Unterricht ständig unter Handlungsdruck steht. Umso wichtiger werden die Reflexion des Unterrichts und die Frage, wie man den Unterricht weiterführt. Für ein solches Nachdenken über den Unterricht will das Buch eine Anregung sein.

Ausgangs- und Bezugspunkt des vorliegenden Buches war dabei lediglich ein Einzelfall. Jeder neue Fall wird neue Herausforderungen und Deutungsnotwendigkeiten mit sich bringen. Das gehört zum Wesen inklusiver Bildung. Der reflektierte Einzelfall ist aus meiner Sicht aber wichtig, weil er im Unterschied zu umfassenden Modellen (z. B. Jugel/Hölzel 2017), die notwendigerweise abstrakt bleiben, geeignet ist, um Strukturen und Praktiken des Einschlusses und des Ausschlusses *konkret* herauszuarbeiten. Diesem Schritt kommt vor allem im frühen Stadium der Konzeptualisierung einer inklusiven Fachdidaktik eine große Bedeutung zu.

LITERATUR

Ackermann, Karl-Ernst (2015): Politische Bildung im inklusiven Bildungssystem – grundsätzliche Fragen. In: Dönges, Christoph/Hilpert, Wolfram/Zustrassen, Bettina (Hg.): Didaktik der inklusiven politischen Bildung. Bonn, S. 30-44.

Adamski, Heiner (2016): Schutz vor Terrorismus und Schutz der Grundrechte. In: Gesellschaft – Wirtschaft – Politik (GWP), Heft 3/2016, S. 387-395.

Alemann, Ulrich von (2010): Das Parteiensystem der Bundesrepublik Deutschland. 4. Auflage, Wiesbaden.

Autorengruppe Fachdidaktik (2016): Was ist gute politische Bildung? Leitfaden für den sozialwissenschaftlichen Unterricht. Schwalbach/Ts.

Behrmann, Günter C./Grammes, Tilman/Reinhardt, Sibylle (unter Mitarbeit von Hampe, Peter) (2004): Politik: Kerncurriculum Sozialwissenschaften in der gymnasialen Oberstufe. In: Tenorth, Heinz-Elmar (Hg.): Kerncurriculum Oberstufe II. Biologie, Chemie, Physik, Geschichte, Politik. Expertisen – im Auftrag der Ständigen Konferenz der Kultusminister. Weinheim/Basel, S. 322-406.

Besand, Anja/Jugel, David (2015a): Inklusion und politische Bildung – gemeinsam denken! In: Dönges, Christoph/Hilpert, Wolfram/Zustrassen, Bettina (Hg.): Didaktik der inklusiven politischen Bildung. Bonn, S. 45-59.

Besand, Anja/Jugel, David (2015b): Zielgruppenspezifische politische Bildung jenseits tradierter Differenzlinien. In: Dönges, Christoph/Hilpert, Wolfram/Zustrassen, Bettina (Hg.): Didaktik der inklusiven politischen Bildung. Bonn, S. 99-109.

Burzan, Nicole (2014): Inklusion/Exklusion. In: Endruweit, Günter/Trommsdorff, Gisela/Burzan, Nicole (Hg.): Wörterbuch der Soziologie. 3. Auflage, Konstanz/München, S. 198-199.

Cloerkes, Günther (2007): Soziologie der Behinderten. Eine Einführung. 3. Auflage, Heidelberg.

Deichmann, Carl (2013): Der institutionenkundliche Ansatz: Mehrdimensionale Institutionenkunde. In: Deichmann, Carl/Tischner, Christian K. (Hg.): Handbuch Dimensionen und Ansätze in der politischen Bildung. Schwalbach/Ts., S. 86-100.

Dönges, Christoph/Hilpert, Wolfram/Zustrassen, Bettina (2015): Einleitung: Didaktik der inklusiven politischen Bildung. In: Dönges, Christoph/Hilpert, Wolfram/Zustrassen, Bettina (Hg.): Didaktik der inklusiven politischen Bildung. Bonn, S. 9-16.

Erben, Friedrun (2012): „Das ist mein Leben – es ist nicht immer leicht ...". Plädoyer für eine ressourcenorientierte Bildungsarbeit. In: Widmaier, Benedikt/Nonnenmacher, Frank (Hg.): Unter erschwerten Bedingungen. Politische Bildung mit bildungsfernen Zielgruppen. Schwalbach/Ts., S. 103-116.

Feuser, Georg (1989): Allgemeine integrative Pädagogik und entwicklungslogische Didaktik. In: Behindertenpädagogik, Jahrgang 28, Heft 1/1989, S. 4-48.

Feuser, Georg (1997): Subjekt- und entwicklungslogische Didaktik. In: Hendricks, Wilfried/Koch-Priewe, Barbara/Schmitt, Hanno/Stübig, Heinz (Hg.): Bildungsfragen in kritisch-konstruktiver Perspektive. Weinheim, S. 146-155.

Fischer, Christian (2012): Institutionenkunde *genetisch*? Ein Werkstattbericht. In: Gesellschaft – Wirtschaft – Politik (GWP), Heft 2/2012, S. 255-267.

Fischer, Christian (2018): Wirtschaftsordnungen verstehen und beurteilen – mit der Planspielmethode. Grundlagen, Unterrichtskonzeption und Lernwege als Beitrag zur Politikdidaktik. Opladen (u. a.).

Fischer, Christian/Thormann, Sabine (2016): „Was ist denn hier bei uns im Haus los?" Eine Sozialstudie zum Thema „Soziale Ungleichheit" für den Politikunterricht in der Sekundarstufe I. In: Gesellschaft – Wirtschaft – Politik (GWP), Heft 1/2016, S. 117-127.

Frankenberger, Rolf (2018): „Nachschlagen, was das ist, ein Diktator". Zur politikwissenschaftlichen Analyse von Autokratien. In: Politikum, Heft 1/2018, S. 18-27.

Gänger, Sven (2007): Streitgespräch Pro/Kontra. In: Reinhardt, Sibylle/Richter, Dagmar (Hg.): Politik Methodik. Handbuch für die Sekundarstufe I und II. Berlin, S. 126-128.

Grammes, Tilman (1997): Handlungsorientierung im Politikunterricht. 2. Auflage, Hannover.

Häußler, Michael (2015): Unterrichtsgestaltung im Förderschwerpunkt geistige Entwicklung. Stuttgart.

Hennies, Johannes/Ritter, Michael (2014): Schreibanregungen im inklusiven Deutschunterricht. In: Schuppener, Saskia/Bernhardt, Nora/Hauser, Mandy/Poppe, Frederik (Hg.): Inklusion und Chancengleichheit. Diversity im Spiegel von Bildung und Didaktik. Bad Heilbrunn, S. 224-230.

Hinz, Andreas (2002): Von der Integration zur Inklusion – terminologisches Spiel oder konzeptionelle Weiterentwicklung? In: Zeitschrift für Heilpädagogik, Jahrgang 53, Heft 9/2002, S. 354-361.

Jahr, David (2015): Inklusion im Politikunterricht. Potenziale und Grenzen der Dorfgründung für einen heterogenitätssensiblen Unterricht. In: Siedenbiedel, Catrin/Theurer, Caroline (Hg.): Grundlagen inklusiver Bildung. Teil 1: Inklusive Unterrichtspraxis und -entwicklung. Immenhausen bei Kassel, S. 135-150.

Jahr, David (2017): Der Ort der Inklusion in den politischen Grundorientierungen der modernen Demokratie – ein Diskussionsvorschlag. In: Lütje-Klose, Birgit/Boger, Mai-Anh, Hopmann, Benedikt/Neumann, Phillip (Hg.): Leistung inklusive? Inklusion in der Leistungsgesellschaft. Band I: Menschenrechtliche, sozialtheoretische und professionsbezogene Perspektiven. Bad Heilbrunn, S. 48-56.

Jugel, David/Hölzel, Tina (2017): Fachbeitrag: Inklusive politische Bildung etablieren – Standpunkte, Herausforderungen und Lösungsansätze. Online verfügbar unter https://www.politischejugendbildung.de/publikationen/online dossier-inklusion.html [26.07.2019].

Kahlert, Joachim (2015): Inklusionsdidaktische Netze in der politischen Bildung. Konzeptioneller Hintergrund und Anwendungsmöglichkeiten. In: Dönges, Christoph/Hilpert, Wolfram/Zustrassen, Bettina (Hg.): Didaktik der inklusiven politischen Bildung. Bonn, S. 182-195.

Korff, Natascha (2012): Inklusiver Unterricht – Didaktische Modelle und Forschung. In: Benkmann, Rainer/Chilla, Solveig/Stapf, Evelyn (Hg.): Inklusive Schule. Einblicke und Ausblicke. Inmmenhausen bei Kassel, S. 138-157.

Kronauer, Martin (2015): Politische Bildung und inklusive Gesellschaft. In: Dönges, Christoph/Hilpert, Wolfram/Zustrassen, Bettina (Hg.): Didaktik der inklusiven politischen Bildung. Bonn, S. 18-29.

Massing, Peter (2014): Institutionenkundliches Lernen. In: Sander, Wolfgang (Hg.): Handbuch politische Bildung. 4. Auflage, Schwalbach/Ts., S. 295-302.

Naugk, Nadine/Ritter, Alexandra/Ritter, Michael/Zielinski, Sascha (2016): Deutschunterricht in der inklusiven Grundschule. Perspektiven und Beispiele. Weinheim/Basel.

Nonnenmacher, Frank/Widmaier, Benedikt (2012): Politische Bildung unter erschwerten Bedingungen. Zur Einführung. In: Widmaier, Benedikt/Nonnenmacher, Frank (Hg.): Unter erschwerten Bedingungen. Politische Bildung mit bildungsfernen Zielgruppen. Schwalbach/Ts., S. 5-16.

Petrik, Andreas (2013): Von den Schwierigkeiten, ein politischer Mensch zu werden. Konzept und Praxis einer genetischen Politikdidaktik. 2. Auflage, Opladen (u. a.).

Poguntke, Thomas (2005): Politische Parteien. In: Gabriel, Oskar W./Holtmann, Everhard (Hg.): Handbuch Politisches System der Bundesrepublik Deutschland. 3. Auflage, München/Wien, S. 625-651.

Prengel, Annedore (2015): Inklusive Bildung: Grundlagen, Praxis, offene Fragen. In: Häcker, Thomas/Walm, Maik (Hg.): Inklusion als Entwicklung. Konsequenzen für Schule und Lehrerbildung. Bad Heilbrunn, S. 27-46.

Reinhardt, Sibylle (1997): Didaktik der Sozialwissenschaften. Gymnasiale Oberstufe. Sinn, Struktur, Lernprozesse. Opladen.

Reinhardt, Sibylle (2018): Politik Didaktik. Handbuch für die Sekundarstufe I und II. 7. Auflage, Berlin.

Schuster, Melanie (2012): Praktische Ansätze zur Erreichung von politikfernen Jugendlichen durch politische Bildung. In: Widmaier, Benedikt/Nonnenmacher, Frank (Hg.): Unter erschwerten Bedingungen. Politische Bildung mit bildungsfernen Zielgruppen. Schwalbach/Ts., S. 117-129.

Seitz, Simone (2006): Inklusive Didaktik: Die Frage nach dem ‚Kern der Sache'. In: Inklusion-online 01/2006. Online verfügbar unter http://bidok.uibk.ac.at/library/inkl-01-06-seitz-didaktik.html [zuletzt zugegriffen am 26.07.2019].

Stratenschulte, Eckart (2010): Freiheit oder Sicherheit – Dilemma oder falscher Gegensatz? Online verfügbar unter http://www.bpb.de/internationales/europa/europa-kontrovers/38185/einleitung?p=all [zuletzt zugriffen am 26.07.2019].

TUI Stiftung (2018): Junges Europa – 2018. Ergebnisbericht. Online verfügbar unter https://www.tui-stiftung.de/wp-content/uploads/2018/05/YouGov_TUI-Stiftung_Jugend-in-Europa_Report_DE_v3.pdf [26.07.2019].

UN (United Nations) (2006): Convention on the Rights of Persons with Disabilities. Online verfügbar unter https://www.un.org/development/desa/disabilities/convention-on-the-rights-of-persons-with-disabilities/convention-on-the-rights-of-persons-with-disabilities-2.html [zuletzt zugegriffen am 26.07.2019].

Wocken, Hans (2016): Im Haus der inklusiven Schule. Grundrisse – Räume – Fenster. 2. Auflage, Hamburg.

Wocken, Hans (2018): Vielfalt allein genügt nicht! Zur dialektischen Einheit von Vielfalt und Gemeinsamkeit. Online verfügbar unter http://hans-wocken.de/Texte/HW-Vielfalt.pdf [zuletzt zugegriffen am 26.07.2019].

Zakrzewski, Tanja (2013): Wehrhafte Demokratie. Online verfügbar unter https://www.politische-bildung-brandenburg.de/themen/extremismus-bei-uns/wehrhafte-demokratie [26.07.2019].

Zurstrassen, Bettina (2015a): Zielgruppenorientierung. Anstöße zum Weiterdenken – eine Replik. In: Dönges, Christoph/Hilpert, Wolfram/Zustrassen, Bettina (Hg.): Didaktik der inklusiven politischen Bildung. Bonn, S. 110-114.

Zustrassen, Bettina (2015b): Inklusion durch Leichte Sprache? Eine kritische Einschätzung. In: Dönges, Christoph/Hilpert, Wolfram/Zustrassen, Bettina (Hg.): Didaktik der inklusiven politischen Bildung. Bonn, S. 126-138.